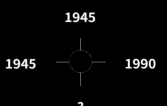

1945

1945 — 1990

?

힙 베를린,  갈등의 역설

베를린 공존 모델에서

한국 사회 갈등 해법 찾기

이광빈 · 이진
지음

"친애하는 한국의 독자 여러분,
이 책은 갈등을 심도 깊게 통찰한 사회만이 맞이할 수 있는
미래의 모습을 보여줍니다"

게르하르트 슈뢰더

전 독일 총리

저자들은 이 책에서 독일 통일 전의 배경을 살펴보고 있습니다. 이는 통일 이후의 외형적 결과에 초점을 맞췄던 기존의 통상적 접근과는 다른 새로운 시도입니다.

이를 위해 분단기 독일  의 주요 사건들을 재조명하고 독일 통일에 어떤 영향 을 미쳤는지 살피고 있습니다. 독일에서도 상당 부분 잊혀지고 있는 지점들을 새로운 접근법으로 다가간다는 점에서 시사하는 바가 큽니다.

두 저자는 독일의 사례에서 한국에 1대1로 적용할 해법을 찾지 않습니다. 대신 분단기 독일의 경험을 새로운 시각에서 반추함으로써 오늘날 한국의 시민들이 당면한 문제에 보다 나은 해결책을 모색합니다.

저자들은 서독의 연방총리 빌리 브란트의 신동방정책이 현실주의와 이상주의의 성공적인 조합에 기초했음을 인상적으로 보여주고 있습니다. '작은 발걸음'이라 불리는 신동방정책은 분명 실용주의에 기반한 것입니다. 그러나 이 정책의 실현 과정에서 냉전이라는 현상태(Status Quo)를 극복하려는 이상주의도 항상 함께 고려됐습니다.

뿐만 아니라 두 저자는 서독의 모든 정당이 독일의 민주적 논쟁 문화를 복원하는데 크게 기여했음을 연구 결과에 기초해 명료하게 보여주고 있습니다. 이를 통해 서독의 시민사회 구조는 더욱 탄탄해졌으며, 민주적 논쟁　　　　　　의 문화는 한 단계 더 성숙해졌습니다.

　　저자들은 1989년 베를린　　　　　　장벽이 예측 불허의 순간에 무너졌을 때, 서독 사회가 급박한 변혁을 소화할 '갈등 해결 능력'을 이미 지니고 있었다는 결론에 다다릅니다.

　　이 책을 기꺼이 추천합니다. 오직 한국인만이 한반도의 운명을 결정할 수 있는 당사자이기 때문입니다. 결코 용기를 잃지 마시고 '작은 발걸음'으로 미래를 향해 전진하시길 바랍니다.

　　한국의 모든 분께 안부를 전합니다.

"분단기로부터 축적해 온 갈등 관리의 문화가
오늘날 독일의 생활 현장에서 당면한 문제에 대응할 수 있는
바탕이 된다는 점을 제시하는 책"

한 명 숙

전 국무총리

책은 독일의 통일 과정에서 서독이 내부의 '서서 갈등'을 어떻게 극복하고 관리했는가를 다룹니다. 서독의 성취는 한반도의 분단과 통일의 모델이 될 수 있는 유일한 레퍼런스임에도 불구하고 그동안 한국 사회에서 간과   되었습니다. 싸움의 대상이라도 끊임없이 대화를 이   ●   어 가야 한다는 점을 독일은 분단기와 통일 이후의   기억을 통해 보여 주었습니다. 아무리 높은 장벽이 우리 앞을 가로막고 있다 할지라도 그 벽을 두드리며 상대와 끊임없이 대화를 이어 나가야만 성공적인 통일의 역사를 일구어 낼 수 있습니다.

이 책은 그 점을 우리에게 생생하게 상기시켜 줍니다. 특히 분단기부터 축적해 온 갈등 관리의 문화가 오늘날 독일의 생활 현장에서 당면한 문제에 대응할 수 있는 바탕이 된다는 것을 저자들은 처음으로 한국 사회에 제시하고 있습니다. 뿐만 아니라 이 책은 실재하는 갈등을 외면하지 않고 해결해 나가고 있는 독일인들의 모습이 오늘 우리의 현실뿐만 아니라 미래의 한반도에도 희망의 빛과 동력이 되리라는 메시지를 전해주고 있습니다.

"정권 교체에 상관없이 같은 민족의 동질성을 유지하며
동포를 위한 다양한 노력을 계속한 독일. 언젠가 통일을 이루어야
할 우리가 깊이 음미할 내용들"

김 황 식

전 국무총리

독일은 우리나라와 많은 유사점이 있어 참고하고 배워야 하는 나라입니다. 특히 주목할 점은 독일의 분단과 통일의 과정에서 배워야 할 교훈입니다.

독일 통일은 아무도 예됐습니다. 흔히 그 시발점 대변인 귄터 샤보브스키가 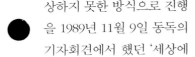 상하지 못한 방식으로 진행을 1989년 11월 9일 동독의 기자회견에서 했던 '세상에서 가장 아름다운(?) 실수'에 의한 것이라고 이야기합니다. 그리하여 독일의 통일이 별다른 노력없이 주어졌을 뿐만 아니라 갑자기 오게 되어 많은 문제를 야기했다고도 말합니다. 물론 지극히 우연한 사건이 역사의 방향을 정하는 경우가 없지 않으며 독일 통일에도 그런 요소가 없는 것은 아닙니다.

그러나 통일의 과정에서 서독 정부와 국민이 국제 환경 변화에 발맞추며 기울인 노력들을 간과할 수 없습니다. 국제 환경의 측면에서 보면, 유럽의 긴장 완화와 안전 보장을 위해 체결된 1975년 헬싱키 협약, 1985년 미하일 고르바초프 소련 서기장의 등장과 그의 개혁개방 정책, 독일 통일에 대한 미국의 확고한 지지, 당시 교황 요한 바오로 2세가 조국 폴란드의 자유노조 운동을 정신적으

로 지원한 영향에 따른 동구권의 변화 등이 독일의 통일 여건 조성에 기여했습니다. 한편 서독 정부는 통일을 정면으로 내세우지 않으면서, 소련을 비롯한 동구권과의 긴장 완화와 화해·협력을 위한 동방 정책을 시행했습니다. 특히 서독 정부는 동독에 대한 민족적 동질성을 유지하며 동포를 위한 다양한 노력을 계속했습니다. 이런 노력은 좌파, 우파의 정권 교체에 영향을 받지 않았습니다. 이로써 서독에 대한 동독의 의존도는 갈수록 증대됐습니다. 결과적으로 서독은 동독 주민들의 마음을 사게 됐고, 이로 인한 동독 주민들의 평화적 혁명 의식이 통일에 결정적인 역할을 했습니다.

이런 과정에서 서독 내부의 대립이나 갈등이 없었던 것은 아닙니다. 이 책에서는 그동안 우리가 알지 못했던 '서서 갈등'의 구체적이고 실감나는 내용들을 다루고 있습니다. 독일 베를린 특파원으로 근무한 이광빈 기자와 독일에서 공부한 이진 박사가 공저자로 참여해 서독 내부의 '서서 갈등'을 소개하는 귀중한 자료집입니다. 언젠가 통일을 이루어야 할 우리 입장에서 깊이 음미할 내용들을 많이 담고 있습니다. 일독을 권합니다.

"이 책은 폭넓은 취재, 수많은 실제 예화들,
그리고 날카로운 분석과 깊은 통찰로 평화롭고 안정된 공동체를
만들기 위한 우리의 시야를 넓게 열어준다"

박 명 림

연세대 교수

오늘의 한국 사회는 세계 최고 수준의 갈등을 보여주고 있습니다. 그중에서도 정부 · 정당 · 국회 · 시민사회를 포함한 진보-보수 간 남남 갈등과 진영 투쟁, 그리고 이념 대결은 가장 심각합니다. 나는 한 사람의 시민이자 연구자로서 한국 사회 내부의 갈등 극복과 평화로운 삶의 추구를 천착해 왔습니다. 그런 의미에서 우리 못지않게 심각한 내부 대결을 겪었던 스웨덴, 핀란드, 독일을 오래도록 주목하지 않을 수 없었습니다. 오늘날 그들이 이룩한 평화로우면서도 활기차고, 경쟁하면서도 연대하고, 생산적이면서도 정일(靜逸)한 삶을 가능하게 만든 공동체 건설의 지혜와 실천을 공부하기 위해서였습니다.

그중에서도 우리처럼 폐허의 절망과 분단을 경험했던 독일을 특히 자주 방문해서 담론하고 답사했습니다. 우리보다 더 높고 더 심했던 '서서 갈등'과 '동서 장벽'의 극복 문제를 집중적으로 알아보고 싶었습니다. 이 책은 그 문제에 대한 폭넓은 취재와 수많은 실제 예화들, 그리고 날카로운 분석과 깊은 통찰을 담고 있습니다. 이 책은 뻔히 주어진 모범 답안(answer) 대신 손수 찾아낸 최고 해법(solution)의 제안을 통해 좁게 닫혔던 우리의 시야를 매우

넓게 열어줍니다. 책을 다 읽고 난 뒤 우리를 한 번 더 성찰하게 하는 흥미로운 사실들과 극적인 장면들도 가득합니다. 물론 우리가 몰랐거나 잘못 알고 있던 사실들도 한둘이 아닙니다.

저자들이 제안한 끝없는 대화와 교육과 민주주의를 통한 한 사회의 성숙한 문제 해결 능력은 특별히 경청할 필요가 있습니다. 우리 사회와 우리 삶을 한 단게 더 평화롭고, 더 안정되고, 더 성숙하도록 안내할 공동체를 만들기 위해 우리는 지혜와 해법을 찾고 있습니다. 그런 분들과 함께 이 책을 읽기를 권면합니다. 갈등은 모든 인간 사회의 필연입니다. 그러나 갈등을 넘는 지혜와 방법 속에 이미 평화가 들어 있습니다.

목차

12

4부_즐거운 갈등, 공존의 기술

15

베를린 장벽이 건설된 1961년 동서 베를린 통행 검문소인 체크포인트 찰리에서
대치 중인 미국과 소련의 전차부대. 삼엄했던 이곳은 지금 커리부어스트 숍과
관광객들의 떠들썩한 웃음소리로 넘쳐난다. 현재의 모습에서 과거의 엄혹했던 현실을
상상할 수 있는 이가 몇이나 있을까.

Germany_1961

DMZ의 밤. 어둠을 뚫고 끝도 없이 이어진 저 불빛들이 희망의 빛이라면
얼마나 좋을까. 그러나 아직은 여전히 불빛을 사이에 두고 서로 총구를 겨눈
안타까운 현실 속에 살고 있다.

Korea_2012

서독은 의회민주주의 체제를 굳건히 하면서 '라인강의 기적'을 이뤘지만,
나치 시대의 권위주의 망령이 남아 있었다. 자유로운 사고가 익숙한 청년들은 기성
체제에 저항의 깃발을 들었다. 68혁명은 실패로 끝났지만, 자유 정신은 사회 곳곳에
스며들었고 동독과의 대결적인 관계에 대해 변화를 요구하는 목소리가 커졌다.

Germany_1968

1987년 거리로 나온 학생들, 시민들은 대통령 직선제 개헌을 쟁취했다.
이후에도 시민들이 거리를 가득 메우는 일이 많았다. 아직도 서울의 거리는
여러모로 뜨겁다.

Korea_1987

1970년 12월
폴란드 바르샤바를 방문한
빌리 브란트 서독 총리는
갑자기 털썩 무릎을 꿇고
고개를 숙였다.
차가운 바닥에 무릎이
닿은 순간 나치의 만행에
사죄하는 브란트의 진심이
폴란드인에게 전달됐다.
얼음장같이 차갑던
폴란드인의 마음이
조금이나마 녹아내렸다.
브란트가 힘들게 추진하던
신동방정책에도 볕이
들었다.

Germany_1970

상상해본다.
북한 최고지도자가 서울을
방문한다. 판문점에서 만난
남북의 정상들은 파주
북한군·중공군 전몰자
묘지에 이어 동작동
국립현충원으로 향한다.
다음날 목적지는 영암의
'용서와 화해의 위령탑'.
한국전쟁 전후 좌익과
우익에 희생된 민간인들을
추모하는 곳이다.
두 정상이 함께 고개를
숙이면서 화해의 기운은
한반도를 넘어 전 세계로
뻗어나간다.

Korea_1996

1970년 서독에서 열린 동서독 정상회담장 앞 국기 게양대에 동독 국기가
탈취당해 내동댕이쳐졌다. 좌·우파 시위대가 엉킨 난리통 속에서 극우파의 소행이었다.
서독 언론과 지식인들은 아수라장을 '극단주의의 저급성'이라고 일갈했고,
동서독은 만남을 이어갔다.

Germany_1970

남북정상회담은 열릴 때마다 언제나 마음을 설레게 하지만, 한반도 정세는 쳇바퀴 도는
듯하다. 동서독 1·2차 정상회담 후 양측은 특별한 성과를 거두지 못한 채 '열린 끝'이라고
표현했다. 이후 수십년 간 이어진 '열린 끝'은 평화와 통일, 진행 중인 통합이다.
한반도에서의 '열린 끝'은….

Korea_2000

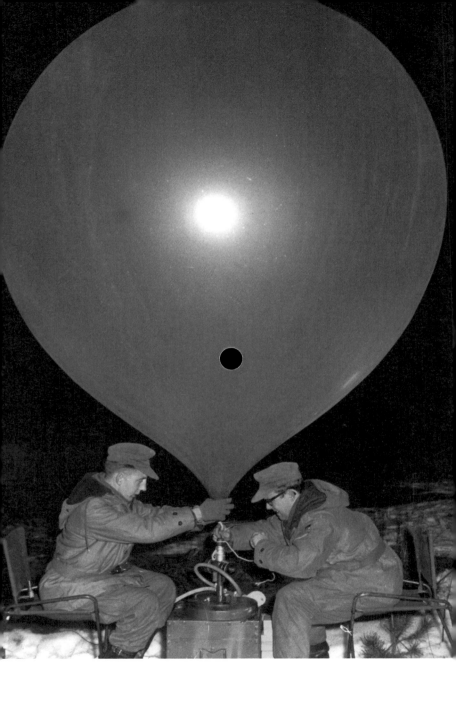

아이들까지 동원해
조악한 '삐라'(전단)를
동독으로 살포해 갈등을
키워 온 주체가 서독
연방군이라는 전모가
드러났을 때 시민들은
배신감을 느꼈다.
동서독은 협상 끝에 상호
'삐라' 살포를 중단하고
대신 교류를 확대하기로
했다. 교류 확대는
동독 사회의 폐쇄성을
완화했다.

Germany_1963

'삐라' 살포를 둘러싼
'남남갈등'은
미국 의회로까지 갔다.
우리 사회에서
해법은 없는 것일까.
동서독 사례부터라도
차근차근
복기해보면
어떨까.

Korea_2020

2차 세계대전으로 폐허가 된
독일 제국의회 의사당.

commons.wikimedia.org ⓒ Imperial War Museums

독일 의회민주주의는 실패와 갈등을 겪으며 성장했다. 바이마르공화국의 실험은
나치즘 앞에 무너졌다. 처참한 전쟁 잔해 위에 다시 들어선 의회민주주의의 길은 분단국의
특수성으로 인한 극심한 '서서갈등' 속에서도 전진했다. 물론 독일 의회에도 고성과
야유는 존재한다. 단, 극우 의원들의 전유물일 뿐이다.

Germany_1945, 2020

'동물국회', 아니면
'식물국회'. 한국의 국회를
규정하는 대표적인 2개의
단어다. 국회 내 물리적
충돌 장면이 너무 많아
어떤 사진을 골라야 할지
한참 망설였다.
상상이면 좋겠지만
현실이고, 편견이면
좋겠지만 사실이다.

Korea_2010

1989년 11월
베를린 장벽으로 올라선
동서베를린 시민들과 마주
보는 어떤 동독 경비병의
독백? '장벽이 이제 무너진
건가. 나만 뚫린 것 같진
않은데… 이제 내 앞날은
어떻게 되는 걸까' 장벽
위의 희망에 찬 시민들은
경비병의 복잡한 속내를
알 까닭이 없었다.

Germany_1989

2018년 남북군사합의에 따라 폭파된 GP 잔해 위에 올라선 남측 군인의 독백?
'GP가 진짜 무너진 것 실화임? 진짜 남북 간 관계가 좋아지려나. 이러다 또 마는 것 아냐?'
저 멀리 북측의 폐쇄된 GP를 바라보는 군인의 마음속에는 기대와 걱정이 교차했다.

Korea_2018

분단기 삶의 터전을
버리고 서독으로 넘어온
동독 주민들. 따뜻하지만은
않은 서독 시민의 눈빛,
열악한 수용시설을 견디게
한 건 꿈과 자유에 대한
열망 때문이었다.
몇십 년 후 이곳에서 중동
난민이 머물기도 했다.
배타성이 다분했던 독일
시민들은 탈동독민, 외국인
노동자, 난민을 품으며 점차
타인과 공존하는 기술을
배워나갔다.

●

Germany_1960

중국 선양의 일본 영사관
으로 들어가려는 탈북민의
목숨 건 탈출 시도.
가족과 생이별을 한
탈북민이 죽음을 불사하면서
한국에 발을 디뎠다고
해피엔딩은 아니다.
그들을 바라보는 차별적
시선은 뼈아픈 상처로 남는다.
이 땅에 일하러 온 수많은
외국인의 상처도 그에 못지
않다.
수십 년 전 서독으로 간
우리 간호사들에 대해
어떤 현지 언론에선 '몇 명'이
아니고 '몇 개'라고 물건
취급한 것처럼 말이다.

Korea_2002

© 연합뉴스

1964년 10월
도쿄올림픽 개막식.
동독과 서독의 선수들은
단일팀으로 참가했다.
동서독은 체제 경쟁 속에서도
스포츠와 문화 등의 분야에서
모세 혈관이 연결되듯 관계를
이어나갔다.
분단 30년 후 통일의 이뤄낸
작은 씨앗은 이미 이때부터
싹을 틔우고 있었는지도
모른다.

Germany_1964

2019년 1월 베를린에서 열린 핸드볼 세계 남자선수권대회 개막전.
29년 전 통일을 이룬 독일팀과 60년 넘게 분단 상태인 남북의 단일팀이 맞붙었다.
푸른색 한반도기가 그려진 옷을 입고 단체 응원전에 나선 북한 학생들의 밝은
얼굴 뒤로 여전히 분단의 그림자가 드리워져 있다.

Korea_2019

베를린의 도심 한복판에 아르메니아인 대학살의 희생자들을 추모하는 위령비가 서 있다.
터키는 전신 오스만 투르크의 아르메니아인 대학살을 부정해왔다. 독일에서 터키계가
300만 명에 달하는 데도 불구하고, 시민들은 약자의 희생과 아픔을 위로하고 기억하기를
주저하지 않는다.

Germany_2021

베를린에는 수많은 민족이 커뮤니티를 이룬다. 민족, 언어가 달라도 모두
'베를리너'다. 일본 측의 집요한 압박과 로비 속에서 '평화의 소녀상'을 지킨 건
민족주의가 아니라 보편주의였다.

Korea_2020

베를린으로 가는 시간 여행에 초대합니다. 세계에서 가장 '힙'한 도시의 일상과 장소, 사람들의 이야기를 통해 여정을 시작합니다. 이어 동·서로 갈라졌던 분단 독일의 기억으로 거슬러 올라갑니다.

이 책의 출발 지점인 베를린은 전 세계적으로 '힙'의 대명사입니다. 베를린은 2차 세계대전의 독일 패망, 동서 분단, 소련의 봉쇄, 장벽 설치, 그리고 장벽 붕괴와 통일의 역사가 고스란히 새겨진 도시입니다.

1960~1970년대의 서베를린을 떠올리면 현재 '힙베를린'의 단초를 전혀 찾을 수 없습니다. 과거의 베를린은 지독한 분열과 갈등의 공간이었습니다. 서베를린뿐만 아니라 서독 전체가 갈등의 소용돌이 속에 놓여 있었습니다. 분단 국가의 굴레에 단단히 매여 있었습니다. 동독을 어떻게 대할지를 놓고 사회가 극심하게 갈라졌습니다. 나치 과거사 청산 문제, 권위주의와 자유주의 문화의 충돌, 세대 간 갈등까지 뒤범벅됐습니다. 한국의 '남남갈등'에 비견할 만한 대치 상황이 일상이었습니다. 필자들이 만난 분단기의 산증인들도 당시의 기억을 떠올리며 "도저히 극복될 수 없어 보였던 갈등"이었다고 술회합니다. 그런데 서독 사회는 분열상 앞에 그대로 주저앉지 않았습니다. 생산적인 갈등의 기술을 점점 터득했습니다. 다툼 속에서도 소통, 공존하는 방식을 깨달았습니다. 이해, 관용의 문화가 자연스럽게 자리를 잡아갔습니다.

지금의 '힙베를린'에서도 갈등이 사라진 것은 아닙니다. 낡은 잔재에서 갈등이 다시 고개를 들고, 새로운 갈등 요인도 속속 등장합니다. 독일 사회가 직면한 가장 큰 도전 중 하나는 난민 문제입니다. 이미 한국에도 많이 알려져 있습니다. 지난 몇 년간 100

만 명이 훌쩍 넘는 난민에게 문을 연 뒤 독일 사회는 난민의 사회 통합이라는 어려운 숙제를 안게 됐습니다. 이 난제를 풀기도 바쁜 데, 반난민 정서를 자양분으로 삼은 극우 세력이 힘을 키웠습니다. 반난민 정서는 옛 동독 지역의 불만과도 결합했습니다. 이에 독일의 지성 사회는 '인종주의', '차별', '반유대주의'에 끊임없이 경고를 보내며 극우 세력을 견제하고 있습니다. 극우 정당의 지지도가 하락세로 돌아섰지만, 독일 사회의 경각심은 느슨해지지 않았습니다. 특히 통일 후 지난 30여 년간 경제 부분에만 초점을 맞췄던 독일 사회는 옛 동독 주민들이 통일에 기여한 바에 관심을 기울이고 있습니다. 이를 통해 시민들을 자부심으로 더욱 단단히 묶을 수 있는 공통의 기억문화를 모색하고 있습니다.

현재 한국은 어떤가요. 경 ● 제적 도약, 한류, K-Pop, K-방역 등이 어깨를 으쓱하 게 만들기도 하지만 당면한 현실은 여전히 답답합니다. 한반도를 옥죄는 가장 큰 문제는 남북 분단인데 이를 이야기하는 것은 사치처럼 느껴집니다. 심화되기만 하는 양극화, 교육 격차, 세대 갈등, 젠더 갈등에 휩싸이고 있습니다. 눈을 흘기며 서로 겨누고 있을 뿐 다가서지는 못하고 있습니다. '대치', '평행선'이라는 단어는 휴전선에서 남한 사회 한복판까지 내려왔습니다. 더 거친 말로 서로를 구분짓고 대화의 틀을 깨는 일은 정치판의 관행이 된 듯합니다. 한때 유행했던 '똘레랑스'라는 말은 까마득하게만 느껴집니다. 차이에 대한 관용이 화두가 아니라, 도대체 어디까지 관용해야 하는지를 물어야 하는 시대가 됐습니다.

녹록치 않은 현실 속에서 통일의 유일한 레퍼런스인 독일로 고개를 돌려봅니다. 서독이 '서서갈등'을 풀어간 방정식을 찾아 시간 여행을 떠나 봅니다. 여정을 통해 각자의 방정식을 만들어 낼 재료들을 제공해봅니다. 한반도의 현실은 분단기 독일보다 더 복잡합니다. 조건, 배경이 많이 달라 직접적인 비교는 어렵습니다. 그러나 통일 독일의 현재를 부러워만 하는 것은 이제 충분합니다. 지금은 우리의 관심 밖에 놓여 있었던 독일 분단기의 기억을 되짚어 볼 때입니다. '서서갈등'을 딛고 동독과의 교류·협력에 대한 사회적 공감대를 마련했던 독일의 1960~1970년대야말로 우리에게 영감을 주는 장면들로 가득합니다. 당시 서독 내부의 '서서갈등'은 여태 우리에게 전해지지 않은 이야기입니다. 서독이 별다른 내부 갈등 없이 동서독 교류·협력을 꾸준히 추진했다는 잘못된 신화가 우리에게 형성돼 있었습니다.

현재 독일이 안고 있는 고민거리도 우리의 고민과 맞닿아 있습니다. 한국도 조금씩 다문화 사회로 바뀌어 가면서 '차별'이 새로운 갈등의 요소로 등장하고 있습니다. 예멘 난민 600명의 수용 문제를 놓고 온 나라가 들끓은 바 있습니다. 독일과 비교하기도 어려운 작은 규모지만 사회의 반응은 극단적이었습니다. 이견을 차분하게 나누고 대안을 찾는 토론은 드물었습니다.

'어그리 투 디스어그리'(agree to disagree)라는 표현이 있습니다. '차이에 대한 인정'이야말로 대화를 위해 지켜야 할 최소한의 전제라는 뜻을 담은 말입니다. 극단으로 치닫던 과거를 디딤돌로 삼아 합의와 토론의 정치 문화를 만든 분단기 독일 시민들의 이야기는 우리에게도 좋은 참고서가 될 수 있습니다.

베를린에서 한반도의 미래를 상상해봅니다. 지금의 베를린보다 더욱 신선한 영감을 줄 미래의 한반도를 그려봅니다. 한반도 밖에서 한국 문화는 이미 놀라움의 대상입니다. 비서구 문화와 대중문화에 대한 삐딱한 시선이 있을 법한데 오히려 세계인들은 영화 '기생충'과 방탄소년단(BTS)을 보며 한류에 열광합니다. '힙베를린'에서 미래의 '힙한반도'가 엿보이는 것은 그리 억지스러운 일이 아닙니다.

이 책의 주제 의식은 2019년 베를린 장벽 붕괴 30주년을 맞이해 연합뉴스가 연중 24회 연재한 '서독의 기억' 시리즈에서 출발합니다. '서독의 기억'은 동서독 교류·협력을 놓고 전개됐던 '서서갈등'의 극복 및 관리 과정의 역사를 한국 사회에 처음 소개했습니다. 그동안 독일 통일 접근법과는 달리 분단기 동시사점을 찾는 새로운 패러 에 초점을 맞추던 통상의 서독을 통해 한반도를 위한 다임을 제시했습니다.

이 책은 '서독의 기억'의 관점을 이어가면서 베를린이라는 공간을 중심으로 새로운 이야기를 담았습니다. 최근 몇 년간 베를린에서 전개된 남북 간의 만남과 이별 등 현장감 있는 이야기를 통해 접근해 들어갔습니다. 국내에 소개되지 않았던 서독의 '삐라' 살포 사례 등을 꺼내 현실 한반도에서 이런 문제들을 풀기 위한 지혜를 함께 탐구해봅니다. 현재 독일이 당면한 과제를 살펴보면서 과거 갈등 관리 및 극복의 경험이 어떻게 새로운 도전에 응전하는 힘이 되는지 현장의 목소리를 전달해 드립니다.

이 책의 두 저자는 베를린에서 특파원과 학자로 만나 '서독의 기억'을 함께 기획했습니다. '이광빈'은 연합뉴스 정치부 기자로 세 번의 대선과 세 번의 총선, 정당 활동을 취재하면서 해가 갈수록 골이 깊어지는 갈등 구조에 대한 문제의식을 키웠습니다. 베를린 특파원으로 부임한 뒤 베를린 장벽 붕괴 30주년과 통일 30주년을 맞이한 독일 사회에서 갈등을 마주하는 방식을 눈여겨보았습니다. 이 과정에서 우리에게 알려지지 않았던 '서서갈등'의 기억을 찾아냈습니다.

독일 정치+문화연구소 소장인 '이진' 박사는 정치철학 전공자로 서양 고대부터 현대까지 이어진 논쟁과 합의의 정치 문화를 추적해 왔습니다. 베를린 훔볼트대와 자유대, 그리고 바이마르 고전주의재단 등 독일 유수 학술기관에서 '갈등 능력' 개념을 최초로 제기하고, 독일통일백서와 기억문화 관련 저술을 이어왔습니다. 그간 발전한 한국 민주주의에 걸맞은 통일 논의에 대해 역설해 온 결과가 '서독의 기억'을 거쳐 이 책을 통해 우리를 위한 독일 이야기로 녹아 있습니다.

'서독의 기억' 연재와 책 집필 과정에서 박명림 연세대 교수님과 독일 마부르크대 정치학 박사인 정범구 전 주독 한국대사님, 이은정 베를린자유대 교수님이 많은 조언을 해주셨습니다. '서서갈등'의 기억을 찾는 과정에서 도움을 주신 이원호 베를린자유대 철학박사님과 베를린자유대 방문학자였던 박원재 통일부 과장님, 한국국제교류재단에도 감사 말씀 드립니다. 무엇보다 인터뷰에 응해주신 독일 분단기 역사의 산증인들께 감사드립니다.

시대도, 세대도 변했습니다. 미래의 통일이 아니라 지금 함께 멋지게 사는 것이 '우리의 소원'이 되었습니다. 이를 위해선 우리를 힘들게 하는 내부의 갈등과 어떻게 효과적으로 공존해야 할지부터 고민해야 합니다. 차이를 포용할 수 있는 내공이 쌓일수록 좁게만 느껴졌던 공론의 장은 넓어질 것입니다. 예측하기 어려운 미래의 일에 대비할 수 있을 것입니다. 독일이 의식적으로 통일을 준비하지 않았지만, 자연스럽게 준비됐던 것처럼 말입니다. 이 책은 갈등에 속수무책이던 과거의 패러다임을 벗어나려 합니다. 당면한 갈등을 어떻게 다뤄야 이를 넉넉히 담아낼 사회적 '갈등 능력'을 기를지 화두로 삼아 봅니다. 이제 우리 현실의 미니어처, 베를린을 창(窓)으로 여행을 시작합니다.

이광빈 · 이진 드림

1부

경계에서 탄생한 힙베를린

현실의 베를린은 경계의 땅이다.
분단기 억지로 나뉘어 만들어진 경계와는
성격이 다르다.

계층, 민족, 문화, 이념의 다양성을 품은 경계다.
어느 한쪽을 선택하지 않아도 된다.
'차이에 대한 인정'(Agree to disagree)이다.

1_ 경계가 만든 힙베를린, 힙한반도는?

유럽의 '뉴욕'을 거부한 공존과 저항의 도시

베를린 크로이츠베르크 지역의 브랑겔 거리 77번지에는 '힙베를린'의 단면이 응축돼 있다. 이곳은 터키계 이민자가 운영하던 '비짐 바칼'이라는 이름의 평범한 채소가게가 있던 자리다.

2015년 3월, 채소가게 앞에서 난데없이 축제 한마당 같은 광경이 펼쳐졌다. 악기를 연주하는 이웃, 음식을 나눠 먹는 이웃, 분필로 바닥에 낙서하는 아이 등 수백 명의 지역민들이 북적거렸다. 시민들의 머리색은 다양했다. 터키어로 '우리의 가게'라는 뜻의 이 채소가게를 지키기 위한 시위 현장이었다. 이 가게는 28년간 이 자리에서 대를 이어 운영되었는데 가게 건물을 매입한 부동산 기업이 건물의 리모델링을 추진하면서 쫓겨날 처지에 놓이게 됐다. 베를린에서 급속히 진행되던 젠트리피케이션의 급류에 휘말린 것이다. 지역 주민들은 동네 채소가게를 지키기 위해 조직적으로 움직였다.

주민들은 시위뿐만 아니라 홈페이지까지 만들어 홍보전을 벌였다. 결국 부동산 회사가 손을 들었고 채소가게는 자리를 지킬 수 있었다. 이후 주인의 건강 문제로 채소가게는 문을 닫았지만, 비짐 바칼은 베를린에서 부동산 투기 자본에 저항하는 상징적인 공간이 됐다.

당시 지역 주민들의 집회가 한창일 때 채소가게 인근에는 '내가 비짐 바칼이다'라는 대형 플래카드가 걸렸다. 같은 해 1월 프랑스 파리의 주간지 '샤를리 에브도'에서 발생한 테러 희생자들과 연대하는 구호인 '내가 샤를리다'를 차용한 표현이다. 샤를리 에브도는 무함마드를 부정적으로 묘사하는 만평을 실었다가 이슬람 극단주의자의 무차별 총격 테러로 편집장 등 열두 명이 목숨을 잃었다. 프랑스 등 유럽 사회에서 이슬람 극단주의에 대한 경계심이 잔뜩 고조됐고 이 과정에서 선의의 이슬람 이민자 사회까지 눈총을 받는 부작용이 따랐다. 그런데 크로이츠베르크에서는 이슬람 이민자 문화권을 상징하는 터키계 이웃을 지키기 위한 투쟁이 전개된 것이다. '내가 비짐 바칼이다'라는 표현에는 베를린, 넓게는 독일 사회가 갖는 포용성, 다양성이 함축돼 있다.

채소가게가 문을 닫은 뒤 브랑겔 거리 77번지는 빈 공간이 되었지만, 4년 뒤인 2019년 봄에 다시 농성이 벌어졌다. 베를린의 폭등하는 임대료와 주거 공간 부족 문제를 비판하는 대규모 집회가 잇따라 열리던 시점이었다. 2015년 이후 베를린에서는 임대료 상승 곡선이 가팔라졌다. 베를린이 주목받으면서 내국인, 외국인들이 더 모여들었기 때문이다. 아파트들은 글로벌 부동산 자본의 사냥감이 됐다. 낡고 오래된 건물을 재건축하거나 리모델링하는 속도가 더욱 빨라졌다.

오랜 삶의 터전에서 쫓겨날 위기에 처한 베를린 시민들의 반발은 거세졌다. 77번지의 시위는 이런 맥락에서 일어났다. 700여 명의 시위대가 경찰과 충돌했다. 아홉 명의 경찰관이 다쳤고 시민 한 명이 체포됐다. 불상사가 일어나긴 했지만 옛 채소가게 자리가 있던 크로이츠베르크 지역에서 차이와 공존의 가치는 더욱 빛을 발했다. 베를린에서도 자본주의가 점점 고도화되고 있었지만 이에 굴복하지 않고 유럽의 '뉴욕'을 거부한 사례다. 시민들은 베를린다움을 지키고 연대와 저항의 정신이 살아있다는 것을 보여줬다.

이 지역에서는 왜 이런 장면이 만들어졌을까. 많은 외국인들은 크로이츠베르크를 베를린의 '힙'을 상징하는 옛 동베를린 지역이라 생각한다. 그러나 이곳은 엄연히 옛 서베를린에 속한다. 통일 이전 크로이츠베르크의 동쪽엔 장벽이 높게 가로막혀 있었다. 냉전 시대에 낙후된 접경 지역이었다. 눈앞 장벽 너머에는 소련군과 동독군 탱크가 자리잡고 있었다. 이를 두려워한 시민들은 하나 둘씩 이곳을 떠났다. 대신 터키에서 온 노동자들이 그 빈자리를 채우며 기존 거주자들과 이민자들이 어우러진 공간이 되었다.

특히 예술가들에게 크로이츠베르크는 거주지이자 작업실, 놀이터로 안성맞춤이었다. 지를린 예술계의 중심 지역이 표적인 공원인 괴를리츠 공 금도 크로이츠베르크는 베다. 크로이츠베르크의 대원에 가보면 다른 서베를린 지역의 공원보다 인종적 다양성이 높다. 통일 후 젠트리피케이션 현상 속에서 새로 리모델링된 집에 입주하는 고소득 전문직도 많지만, 오래된 거주자들이 여전히 낮은 임대료를 지불하며 그곳에 살고 있다.

크로이츠베르크는 경제적, 사회·문화적, 종교적으로 다양한 배경을 가진 이들이 더불어 살아가는 공간으로 자리매김했다. 인접한 동베를린 지역의 프리드리히스하인과도 분위기가 상당히 비슷하다. 많은 외국인이 크로이츠베르크를 동베를린 지역으로 착각하는 것도 이런 이유에서다.

장벽 접경에 있는 동베를린 지역 역시 분단과 통일이라는 공통의 배경 속에서 '힙'한 공간으로 변했다. 과거 동독 당국은 '해충박

멸작전'이라는 이름으로 장벽 인근에 살던 동베를린 시민들을 강제 이주시키고 건물들을 철거했다. 동베를린 시민들이 장벽을 넘어가는 것을 막기 위해 감시를 강화하는 조치였다. 통일 이후 동베를린의 젊은이들이 일자리를 찾고 새로운 기회를 모색하기 위해 서독 지역으로 넘어가면서 장벽 인근의 동베를린 지역에는 공동화 현상이 벌어졌다. 빈 건물이 속출했다. 그 빈 공간에 새로 들어온 이들은 역시 예술가들이었다.

이미 많은 예술가가 자리잡은 크로이츠베르크와 연결되는 장점도 있었다. 전세계에서 가난하고 젊은 예술가들이 몰려들었다. '공짜' 작업실, 저렴한 주택 임대료가 예술가들을 유혹했다. 30년 전만 해도 냉전의 한기가 휘감던 경계 지역이 다양한 언어와 피부색이 한데 어우러진 통합의　　　　　지역으로 변모하기 시작했다. 베를린은 '가난하지만 ● 섹시한 도시'라는 별칭을 얻었다.

'힙'해지는 도시에 예술가들만 몰려든 건 아니었다. 여러 방면으로 창조적인 젊은 세대들이 베를린을 선택했다. 자본은 이런 흐름을 놓치지 않았다. 베를린은 유럽에서 스타트업이 가장 빠르게 성장하는 도시가 됐다. 테슬라는 유럽에서의 전기차 생산 거점을 베를린으로 결정했다. 베를린은 독일에서 차세대 산업의 '대세' 도시로 부상했다. 이제 베를린은 '가난하다'는 꼬리표를 떼게 됐다. 다양성과 여백이 21세기에 걸맞은 혁신과 창조를 가능하게 만든다는 믿음이 자리잡았다.

채소가게 앞에서 시위를 벌이는 동네주민들. © Bizim Kiez Nachbarschaftsinitiative

'차이에 대한 인정'이 도시 정체성으로

베를린은 여타 도시들이 자랑스러운 면모만 보여주는 것과는 달리 수치스럽고 개탄할 수밖에 없는 기억도 용기있게 드러낸다. 그 반성과 성찰의 노력은 세계인에게 놀라움과 감동, 영감을 주고 있다.

반성의 언어로 그치지 않는다. 나치의 유대인 탄압에 대한 성찰은 홀로코스트 추모관, 유대인 박물관 같은 물리적 공간으로 표현됐다. 베를린은 과오의 대가인 부끄러운 기억도 뚜렷하게 보여준다. 체크포인트 찰리, 베를린 장벽공원, 이스트사이드 갤러리 등 베를린의 주요 관광지에는 분단기의 아픔이 배어 있다. 현대사 이전의 역사를 주요 관광상품으로 내세우는 파리, 런던, 프라하 등 유럽의 관광 도시들과는 대비된다. 베를린에서는 현대사의 질곡이 관광상품이 됐다.

베를린은 독일의 부끄러운 역사의 결과로 경계가 그어진 도시였다. 이제는 장벽이 무너졌지만 베를린은 여전히 경계를 상징하는 도시다. 하지만 그 성격이 달라졌다. 이제는 구분을 위한 경계가 아니다. 갈등과 차이가 여전히 있지만, 공존과 시대정신도 함께 흐른다. 경계 위에서 다양한 색채들이 어우러질 수 있는 이유다.

물론 인구가 늘어나고 자본이 모이면서 젠트리피케이션 등 새로운 문제들이 나타나고 있지만, 이런 모습조차도 베를린만의 매력을 돋보이게 만든다. 앞서 살펴본 '비짐 바칼'과 같은 사례처럼 말이다.

경계의 땅에서 공존을 모색하는 힘은 역설적이게도 분단을 겪으며 성장했다. 동서독 분단 직후의 베를린은 비교적 자유로운 왕래가 가능한 장소였다. 집은 동베를린이지만 장을 보기 위해 서베를린으로 갈 수도 있었다. 베를린은 하나의 생활·경제 공간으로서 존재했다. 그러나 1961년 베를린 장벽이 설치되면서 동서독의 마지막 숨구멍이 닫혔다. 역사의 흐름이 바뀌어 1989년 장벽이 무너지면서 냉전시대에 생긴 동·서방 간 경계가 제일 먼저 사라진 곳도 베를린이었다. 분단과 통합은 베를린에서 언제나 일상의 문제였다. 그렇기에 베를린 사람들은 차이에서 비롯한 갈등에만 머물지 않고 공존의 방법을 치열하게 고민했다. 하나의 공간에서 함께 살아가야 할 운명이기 때문이었다.

냉전의 대치 구도가 더욱 첨예해지고 장벽이 도시를 완전히 갈라놓은 상황에서도 베를린에서는 공존을 위한 해법이 모색됐다. 장벽 건설로 순식간에 이산가족이 된 동서 베를린의 시민들이 있었고 하수 터널과 철도 노선도 여전히 동서를 지나갔다. 동서독 간의 교류·협력이 단절된 상황에서 당시 서베를린 시장이던 빌리 브란트는 기존의 진영 논리로는 상상할 수 없는 일을 성사시켰다. 크리스마스 연휴에 동서 이산가족이 만날 수 있도록 추진한 것이다.

서독과 동독이 내세운 최소한의 명분을 살리는 선에서 극적으로 타협이 이뤄졌다. 이는 양측이 다시 가까워질 수 있다는 희망을 싹트게 했고, 대다수의 일반 시민들은 브란트의 정책을 지지했다. 하수 처리와 철도 노선 문제를 놓고 동서 간 벌인 협상도 극심한 진통을 겪었지만, 실무적인 대화가 계속 이어졌다. 협상 테이블에 나선 서독 당국자들은 우선 서로 너무도 다르다는 사실을 인정하는 데서 시작했다. 그러면서 합의 가능한 최소한의 공통분모를 찾는 데 집중했다. 이 '차이에 대한 인정'은 사실 전후 서독 사회의 지침과도 같았다.

이렇게 도시의 경계는 이상주의와 현실주의가 적절하게 조화를 이루게 하는 배경이 됐다. 베를린은 점점 체제와 문화, 이념, 생활방식의 차이를 소통과 교류 속에서 도시의 정체성으로 담아냈다.

베를린 장벽이 붕괴된 후 이제 그 자리에 연방의회와 총리실 등 주요 부처, 주요 언론 및 기업 건물이 들어섰다. 동베를린 근교에는 테슬라의 대형 기업단지가 들어설 예정이다. 분단 시절과 비교해보면 그야말로 상전벽해다.

분단 상태인 한반도는 베를린처럼 될 수 있을까? 통일을 전제로 전망한다면 쉽지 않아 보인다. 그러나 통일을 전제하지 않더라도 한반도가 국제적으로 선망받는 '섹시한' 지역이 될 수 있지 않을까. 남북 간에 평화와 공존, 교류·협력만 이뤄진다면 남북 간의 경계 지역이 국제적으로 각광받을 기회를 갖지 않을까. 2019년 남북관계가 급진전되면서 비무장지대 안에 있는 GP(감시초소)가 폭파되고 철거됐다.

국민은 생중계로 철거 장면을 지켜볼 수 있었다. 남북이 각각 열 곳을 철거하고 한 곳씩만 보존하기로 했다. 비무장지대를 평화지대로 만들자는 남북 간의 약속이 일부 이행됐다. 비무장지대가 국제적으로 주목을 받은 순간이었다.

군사지도에도 나오지 않는 숨은 지뢰밭이 곳곳에 널려 있지만, 비무장지대는 세계적으로도 유례없는 생태계의 보고로 주목받고 있다. 수십년 간 제한된 남북 군인들 외에는 사람의 접근이 허락되지 않았기 때문이다. 금단의 땅에는 희귀 동식물들이 숨쉬고 있다. 2차 세계대전과 냉전의 유산인 벙커 등이 클럽과 전시장으로 바뀌며 베를린의 상징물이 되었듯 비무장지대와 휴전선 인근의 군사시설은 예술가들의 작업실, 힙스터들의 놀이터가 될 수도 있다. 고속도로 개통 시 2~3시간 정도 거리인 서울과 평양, 그 사이에 있는 개성은 동북아의 중심 도시로 거듭날 수 있다.

현재 휴전선과 너무 가까운 서울과 평양의 위치는 분단 비용을 키우는 위험 요소로 간주된다. 그러나 남북한 간 정상화의 뒷받침만 전제된다면 오히려 자연과 현대적 도시가 어우러질 수 있는 천혜의 지역 환경을 갖추고 있다. 세계적으로 시선을 모을 수밖에 없는 역사적, 문화적, 경제적 배경이 뒷받침되어 있다. 버무려질 수 있는 환경만 만들어지면 된다.

●

2_ '아수라장' 됐던 동서독 정상회담

극단주의의 저급성, 동서독 정상회담 방해 현장

2018년 9월 문재인 대통령의 평양 방문 후 김정일 북한 노동당 총비서가 서울을 답방했다면? 서울 거리에 환영과 반대 인파가 쏟아지리라는 것 정도는 쉽게 상상해 볼 수 있다. 만약 그랬다면 한숨을 쉴 일일까. 어느 편에 서서 다른 편에 분노를 보낼 일일까. 아니면 당연히 일어날 수 있는 일로 받아들여야 할까. 동서독은 어땠을까. 정상회담이 열리던 서독의 거리는 과연 평온했을까.

2019년 9월 차를 타고 베를린 서쪽으로 꼬박 네 시간을 달려 카셀에 도착했다. 카셀은 인구 20만 명의 소도시지만 헤센주에서 전통적으로 중요한 도시다. 중앙역의 플랫폼은 대부분 한참 전에 현대적으로 개량됐다. 중앙역 가장 안쪽의 플랫폼 한곳만은 옛 정취를 담고 있었다. 이곳이 1970년 5월 21일 빌리 슈토프 동독 총리가 기차를 타고 도착한 플랫폼이었을까. 같은 해 3월 빌리 브란트 서독 총리가 동독의 에어푸르트를 찾아 역사적인 첫 정상회담을 한 데 이어 슈토프 총리가 서독의 카셀로 답방을 왔다.

중앙역에서 정상회담이 열렸던 도심 외곽의 슐로쓰 호텔 방향을 향해 걸었다. 빌헬름스회에 대로는 카셀을 관통하는 주요 거리였다. 꽤 널찍했지만 차량과 행인은 별로 없었다.

1970년 동독의 슈토프 총리가 카셀에 도착했을 때 이 거리는 난장판이었다. 1만 명에 가까운 극우와 극좌 그룹은 카셀의 도심에서 확성기로 서로에게 욕설을 퍼부었다. 극우 그룹은 '장벽 철폐', '장벽의 살인마' 등의 팻말을, 극좌 그룹은 환영 인사를 담은 팻말을 각각 내걸었다. 이들의 아우성을 뒤로 하고 동서독 정상이 탄 차량은 경찰들의 삼엄한 경계 속에서 회담장으로 향했다. 바로 그 순간 녹갈색 가죽 바지를 입은 청년이 경계선을 뚫고 정상들이 탄 차량을 막아섰다. 극우단체 바이킹 청년단 소속이었다. 경호원들이 이 청년을 끌어낸 뒤 차량은 속도를 높여 혼란의 현장을 빠져나갔다. 차량이 뿜은 배기가스가 흩어지기 무섭게 양측은 뒤엉키며 물리적으로 충돌했다.

서독 정당인 독일 공산당(DKP)이 주도한 좌파 측은 4천 명 이상이 모여 빌리 슈토프 동독 총리를 환영했다. 우파 측에선 극우 정당인 국가민주당(NPD)과 기독민주·기독사회당 연합의 청년단체, 실향민 단체에서 각각 1천여 명이 집결했다. 동서독 정상은 아수라장에서 벗어나 회담장인 호텔로 들어갔다. 그제야 한숨을 돌리던 서독 보안당국 측은 다시 아연실색했다. 극우파 청년 세 명이 어느새 호텔 앞으로 접근해 칼을 꺼내 들고 게양대에 걸려 있는 동독 국기와 연결된 끈을 잘라 국기를 바닥으로 내동댕이쳤다. 청년들은 위조한 언론인 비표로 회담장 인근까지 접근했다. 경찰이 호텔 앞에 친 600미터의 안전띠는 무용지물이었다. 가뜩이나 서늘한 기운이 감돌던 정상회담장의 공기는 더욱 냉랭해졌다.

동독 측은 서독 우파들의 살해 위협에 노출되어 있다며 안전보장을 요구했다. 회담장 밖에서는 좌우 시위대 간 충돌이 더욱 격해졌다. 슈토프 동독 총리가 이날 저녁에 방문하기로 예정된 나치 희생자 추모 공간 앞에서도 양측은 충돌했다. 찢어진 현수막을 지

카셀 정상회담장 인근의 시위대와 막아선 경찰. © HNA / Baron

탱하던 나무판자는 각목으로 바뀌었다. 경찰은 고작 2천 명 정도
에 불과해 상황을 통제하기에는 역부족이었다.

2019년 9월에 찾은 슐로쓰 호텔은 예전 건물이 헐리고 현대적
으로 지어졌다. 정상회담 당시의 흔적은 남아있지 않았다. 호텔
앞에는 게양대가 있었다. 호텔 인근, 시위대들로 떠들썩했을 것
같은 잔디밭에는 지역 와인 축제가 열리고 있었다. 흥겨운 음악
이 흘러나왔고 무대에서는 공연이 진행되고 있었다. 한낮인데도
와인잔을 든 시민들로 북적였다. 인근에는 빌헬름스회에 궁전이
웅장함을 자랑하는데 세계문화유산으로 카셀의 대표적인 관광지
다. 이곳을 찾는 시민들이 1970년대 난리통을 조금이라도 기억하
거나 전해 들은 적이 있을까?

카셀 정상회담의 아수라장을 보도한 서독 언론은
찬반 의견 자체는 인정하지만 폭력 사태에 대해서는
강력히 비판했다. 주간 슈피겔은 "집회 자유의 현실
을 그대로 보여주는 시위였다면 우리는 벌써 그 자유를 금지했어
야 하지 않았을까. 극단주의의 저급성, 자기반성이 없는 덜 자란
정치적 어리석음이 뻔뻔히 뒤엉켰다"라고 날을 세웠다.

에어푸르트와 카셀에서의 정상회담은 구체적인 결과물이 없었
지만, 양측은 '열린 끝'이라고 했다. 슈토프 총리는 카셀을 떠나는
기차에 탑승한 뒤 창문 밖으로 손을 내밀며 브란트 총리에게 "다
시 만나자"라고 이야기했다. 형식적으로도 두 정상 간의 공동성명
한장조차 나오지 않았지만, 전날 밤 긴장감이 흐르던 회담장의 분
위기와는 사뭇 달랐다.

서독 매체 차이트는 슈토프와 인사를 나누고 돌아선 브란트 총
리의 표정에 대해 "승리자의 표정은 아니었으나 만족스러워 보였

다"라고 표현했다. 이후 양측 정상이 다시 만나기까지 11년이 걸렸지만, 실무접촉은 부단히 이뤄졌다. 양측 실무대표인 서독의 에곤 바와 동독의 미하엘 콜은 카셀 회담 후 6개월이 지난 11월 첫 접촉을 가진 뒤 무려 70여 차례나 얼굴을 맞댔다. 2차 동서독 정상회담이 열린 지 3개월만인 1970년 8월 서독과 소련은 모스크바 조약을 체결해 관계를 정상화했다. 동서독 협상도 탄력을 받아 1972년 5월 교통조약이 체결됐다. 양측 시민의 상호 방문 문턱을 낮춘 내용이다. 동서독 간의 최초의 조약이었다. 양측은 이런 접근 과정을 거친 뒤 1972년 12월 21일 기본조약을 체결했다.

남북정상이 전몰자 위 ● 령비 앞에 함께 고개 숙인다면

김정은 총비서가 서울을 답방한다면 아마 환영과 반대 시위대가 카셀의 시위대와는 비교할 수 없을 정도로 대규모가 될 것이다. 격렬함의 양상도 물론 비교 불가일 것이다.

김정은 총비서의 서울 답방 시 찬반 여론이 나오는 것은 민주주의 사회에서 당연하다. 한국전쟁과 남남갈등의 지난한 역사를 감안하면 여론이 갈라서지 않는 게 이상하다. 찬반 시위도 그렇다. 다만 시위 방식 역시 민주적이어야 하는 것은 당연하다. 회담의 결과물이 대중의 기대에 미치지 못할 수도 있지만, '열린 끝'이기만 해도 이후 나비효과가 어떻게 나타날지 모른다.

동독의 마지막 외무장관인 마르쿠스 메켈은 저자들과의 인터뷰에서 "남북한 정상은 한국전쟁 전몰자 묘지에 공동으로 방문해야 한다. 남측, 북측 전사자가 묻힌 곳에서 함께 고개를 숙여야 한다"고 제안했다. "동족상잔의 비극이 남긴 상처를 넘어 화해하면서 미래 관계를 맺어가는 상징적 의미"라는 것이다. 꿈같은 이야기지만 공상만은 아니다. 2005년 8·15 공동 행사 기간에 한국을 찾은 북한 대표단이 국립현충원을 찾아 참배했던 선례가 있다.

김정은 총비서의 답방 시 경로를 그려보며 상상을 해봤다. 서울로 오는 길에 김정은 총비서가 탄 차가 파주시 답곡리로 빠진다. 차는 북한군, 중공군 전몰자 묘지에서 멈춘다. 그곳에서 우리 대통령이 기다리고 있다. 두 정상은 손을 잡고 함께 무릎을 꿇는다. 생중계 화면으로 전국의 시민이 지켜본다. 전 세계로도 이 영상은 전파된다. 갈라져 있던 시위대도 스마트폰으로 이 소식을 접한다. 시위대는 웅성거린 ● 다. 두 정상의 차는 곧바로 동작동 국립현충원으로 달 려간다. 이곳에서도 두 정상은 함께 손을 잡고 묵념 한다.

상상의 나래를 한 번 더 펼쳐 봤다. 다음날 두 정상은 전라남도 영암으로 함께 헬기를 타고 날아간다. 이곳에는 한국전쟁 전후 좌익과 우익이 각각 자행한 민간인 학살의 희생자를 함께 추모하는 '용서와 화해의 위령탑'이 있다. 이곳에서도 두 정상은 고개를 숙인다. 만약 이런 일이 벌어진다면 현재의 화해뿐만 아니라 기억 속에서의 화해의 길도 열어갈 수 있지 않을까.

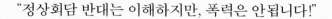

마르쿠스 멕켈

— 동독의 마지막 외무장관 —

"정상회담 반대는 이해하지만, 폭력은 안됩니다!"

동독 사회주의 정권에서 반체제 인사로 활동한
마르쿠스 멕켈은 독일 통일 직전 민주적 선거로 선출된
동독 정부에서 외무장관을 역임했다.
통일 후에는 연방의회 의원으로 활동했다.
2019년 2월 그를 만났다.

서독은 동독과의 관계 정상화를 시도하기 전에 소련, 폴란드 등 동구권 국가들과 2차 세계대전의 과거사 문제를 풀어갔습니다.

"동서독 관계가 정상화되려면 그 전에 소련과 폴란드와의 전후 문제가 먼저 해결되어야 했어요. 전쟁 책임은 명백히 독일에 있었죠. 이것을 독일이 인정한 뒤에야 배상과 함께 화해가 시작되는 것이죠."

서독과 동구권 국가들의 시민 간의 화해는 어떻게 이루어졌나요?

"1970년 12월 폴란드 바르샤바의 전쟁 희생자 위령비 앞에서 빌리 브란트 서독 총리가 무릎을 꿇은 역사적인 사진은 정말 중요했습니다. 아직 서독과 폴란드 정부는 배상 문제 등으로 갈등을 겪고 있었지만, 당시 브란트 총리의 행동 하나로 폴란드 국민에게 넘칠 정도의 화해의 메시지가 전달됐죠. 정부 간의 관계를 정상화하는 것도 중요하지만 시민 간 단절된 유대감을 복원하고 솔직한 사과를 통해 관계를 진전하는 것이 중요합니다."

김정은 북한 노동당 총비서가 한국을 방문한다면?

"김정은 총비서의 답방을 적극적으로 지지합니다. 다만 그와의 대화가 독재체제를 승인하는 형식으로 진행되어서는 안됩니다. 대화 상대로 존중하는 것과 상대 체제에 대한 적극적인 인정 및 정당화는 다른 차원의 일입니다. 또 정상회담에 대한 정치적 의사에 따라 시위 자체는 당연히 할 수 있고, 민주주의에서 중요합니다. 그러나 정상회담을 반대하는 시민도 폭력을 사용해서는 안됩니다. 반대하더라도 최소한 대화의 상대방으로서 존중해 줘야 해요. 아무리 적대적인 대상이라도 대화를 하는 국가수반이라면 존중해 줘야 합니다. 상대에 대한 존중이 있어야 대화가 막히지 않습니다."

김정은 총비서가 답방하면 남측 내부에서 반대 여론도 많을 텐데요.

"남북한 정상은 한국전쟁 전몰자 묘지에 공동으로 방문해야 합니다. 남측, 북측 전사자가 묻힌 곳에서 함께 고개를 숙여야 합니다. 동족상잔의 비극이 남긴 상처를 넘어 화해하면서 미래 관계를 맺어가는 상징적 의미가 될 것입니다."

당시 서독 내부에서는 정상회담이 동독 정권을 정당화해 준다는 여론도 일부 있었습니다.

"브란트 총리는 정상회담 반대파에 대해, 우려를 이해하지만 그런 상대방일수록 더 대화해야 한다고 이야기했습니다. 우리 체제가 우월하고 당신 체제는 잘못됐다고 말하려면 대화의 의미도, 이유도 없는 거겠죠. 상대방을 인정해야 대화가 가능한 것입니다."

동서독 민간교류가 낳은 영향은 무엇인가요?

"민간교류 확대 이전에는 해외 휴가지에서 상대방 시민을 만나면 '스파이 아닌가'하는 의구심을 흔히 가졌죠. 그러나 점점 교류 규모가 커지면서 서로에게 불신감이 사라지고 친밀감이 늘어났습니다. 한국이 대북정책에서 귀기울여 참고해야 한다고 봅니다."

3__ 분단기에 동독으로 탈주한 코로나 감염자

팬데믹 시기 슈프레강을 건넌 숄츠의 탈 서독기

1975년 8월. 동이 트기 전 새벽 시간에 아르민 숄츠는 쿠담 거리에 있는 한 클럽에서 빠져나왔다. 68혁명을 함께했던 친구들을 붙잡고 밤새 열띤 토론을 해봤지만 역시 공허함 속에서 허우적거렸다. 졸업 후 점점 얼굴에 살이 붙고 표정이 밝아지는 친구들이 멀게만 느껴졌다.

취기가 잔뜩 오른 숄츠는 티어가르텐의 숲길을 지나 베를린 장벽 인근의 슈프레 강변으로 무심코 걸어갔다. 멀찍이 초소 안에 있는 서독 경비병은 숄츠를 한번 힐끗 보고 눈길을 돌렸다. 그때 돌발적인 상황이 발생했다. 숄츠가 강물 속으로 뛰어들더니 동베를린 쪽으로 헤엄치기 시작했다. 서독 경비병은 "돌아와!"라고 여러 번 소리쳤지만 소용없었다. 서독 경비병은 황당한 표정으로 바라보다가 "별놈이 다 있네"라고 내뱉은 뒤 담배를 꺼내 물었다. 어깨에 메고 있던 총은 만지지도 않았다. 서독 경비병은 동베를린 강변 쪽을 주시하기는 했다. 동독 쪽의 총구에서 불이 번쩍이고 탈주자가 시체로 떠오르게 되면 골치 아파지기 때문이다.

강 건너편의 동독 경비병은 난감한 표정을 지었다. 서베를린에서 슈프레강을 헤엄쳐 넘어오는 일은 드물었다. 서독 시민은 베를린이 아닌 동서독 경계를 통해 동독으로 넘어가는 게 쉬웠기 때문에 굳이 경계가 삼엄한 베를린에서 탈주할 필요가 없었다. 더구나 돈만 있으면 여행 통행증을 받고 공식 루트로 건너올 수도 있었다. 이 때문에 동독 경비병의 시선과 총구는 언제나 동베를린에서 서베를린쪽으로 헤엄치는 이들을 쫓을 뿐이었다. 어제도 두 차례나 총성이 울렸다.

그뿐만 아니라 서베를린에서 온 탈주자들을 비밀경찰인 슈타지에 넘기는 절차도 골치 아프다. 동독 경비병은 강변으로 기어올라온 숄츠를 붙잡아 장벽 뒤의 사무실로 데려갔다. 동독 경비병이 상부의 명령을 기다리는 동안 숄츠가 콜록거리기 시작했다. 경비병은 아차 싶었다. 코로나바이러스라는 단어가 머릿속을 스쳐지나가면서 자기도 모르게 뒷걸음질쳤다.

다음날 숄츠가 눈을 떠보니 병실이었다. 숙취 탓인지 머리가 지끈거렸다. 친구들이 병원으로 데려간 것이라 생각했다가 이내 현실을 깨달았다. 면마스크를 쓰고 비닐봉지 같은 것을 몸에 덕지덕지 붙인 슈타지 요원이 병실로 들어왔다. 올라프 라셰트라고 이름을 밝힌 요원은 얼마 안가 한숨을 쉬었다. 우발적으로 넘어왔다는 것을 알게 됐다. 더구나 숄츠는 서베를린으로 돌아갈 의사가 없다고 했다. 이왕 이렇게 됐으니 새로운 삶에 도전해보고 싶다고 말했다.

68혁명이 실패로 돌아간 뒤 숄츠는 자기 자리로 돌아가지 못했다. 취업은 쉬웠으나 친구들과 달리 오래 버티지 못했다. 1968년 당시 무수히 돌을 던졌던 미디어 그룹 악셀 슈프링거 본사 주변을 빙빙 맴돌다 친구를 불러 술을 마시곤 했다. 취기가 얼큰해지면 악셀 슈프링거 본사를 향해 "이 악의 제국아"라고 악다구니를 했다.

슈타지 요원 라셰트는 숄츠를 돌려보내고 싶었다. 우선 코로나

바이러스에 걸린 게 아닌지 의심스러웠다. 숄츠는 계속 콜록거리며 기침을 했다. 조금 있으니 열까지 오르기 시작했다. 서독에서 코로나바이러스가 번지기 시작해 국경 통제가 강화된 시점이었다. 상부는 시시콜콜하게 상황을 보고하라고 요구했다. 그렇다고 강제로 돌려보낼 수도 없었다. 몇 년 전만 해도 강제 송환이 가능했지만, 이후 양측 간에 여러가지 협정들이 복잡하게 얽혀 있어서 간단하게 처리할 수 없는 노릇이었다. 라세트의 머릿속은 점점 어두워졌다. 라세트는 숄츠에게 다시 돌아가도 서독 당국으로부터 아무런 처벌을 받지 않는다고 여러 차례 주지시켰다. 막판에는 협박조로 말했지만 요지부동이었다.

상부에선 방역을 철저히 하면서 보건 규정대로 하라고 지시가 내려왔다. 상부도 자세한 규정을 모르는 듯했다. 서베를린에서 넘어오는 탈주자가 드문데다 전염병 의심 환자로 보이는 상황도 처음이었다.

라세트는 한숨을 내쉬며 캐비닛에서 작년에 체결된 동서독 보건의료합의서를 꺼내 들었다. 규정에 따라 숄츠에게 동독에서 치료를 받을지, 서독에서 치료를 받을지 선택하라고 했다. 동독엔 코로나바이러스 감염자가 없어서 치료 노하우가 없다며 서베를린으로 돌아가도록 다시 유도해봤다. 역시 헛수고였다. 라세트의 머리는 복잡해졌다. 병원비를 정산해 서독 정부에 청구하는 것도 라세트의 몫이었다. 숄츠가 계속 이곳에 머무른다면 뒤치다꺼리할 일이 늘어난다.

숄츠의 열은 며칠 내로 내렸다. 기침도 잦아들었다. 그래도 병원에서 최소 14일 동안 입원하도록 했다. 병원 행정직원들은 눈치가 없었다. 서독에 청구할 진료비를 실제 비용 그대로 기재했다.

라세트는 병원 사무장에게 진료비를 다섯 배로 부풀려 기재하라고 했다. 어떻게 적든 서독에선 다 보상해 줄 테니 말이다. 탈주자 업무를 처리하는 게 여간 귀찮은 일이 아니었지만, 그래도 치료비 부풀리기로 상부에 점수를 딸 수 있다는 생각에 조금은 기분이 나아졌다.

서베를린으로 탈주하려다 희생된 이들을 기리는 독일 연방의회 옆 슈프레 강변의 흰색 십자가.

전염병, 보건의료 분야부터 교류의 물꼬를 튼 동서독

2020년에는 남북 간에 접경지역에서 민간인 총격 문제와 코로나 19 문제가 연관됐다. 2020년 9월 북방한계선 이북의 북한 측 해역에서 해양수산부 어업관리단 소속 공무원 이 모씨가 표류하던 중 북한군의 총격에 숨졌다. 이른바 연평도 공무원 피격 사건으로 사회에 엄청난 파장을 일으켰다. 북한은 연평도 공무원 피격 당시 코로나19가 유입될까봐 국경 경비를 강화하고 있었다. 북한은 중국과의 국경 지역에서도 무단으로 넘어오는 이들에 대해 사살 명령을 내리기도 했다. 연평도 공무원 피격 사건 때 한국 정부에서는 북한군이 코로나19 방역 조치로 시신에 기름을 부어 잔인하게 불태웠다는 정보가 흘러나왔다.

이 사건은 2013년 9월에 ● 발생한 남측 이탈 주민에 대한 사살 사건을 소환했다. 임진강에 뛰어들어 북한으로 탈주하려는 민간인을 한국군이 사살한 일이었다. 한국군 초병이 탈주자에게 "남쪽으로 돌아오라"고 여러 차례 경고했지만 불응하자 총격을 가했다.

숄츠의 탈서독기는 가상 이야기다. 남북한 접경지대에서의 총격 사건과 코로나19 팬데믹을 엮어서 이와 비슷한 상황이 1975년 동서독 사이에서 발생했다면 어떻게 전개됐을까 상상해 본 것이다. 당시 동서독 접경지역에서 양국 군인이 탈주민을 다루던 방식과 베를린 장벽 등 국경의 상황, 동서독 간 보건의료합의서 등에 근거했다.

동서독은 1972년 동·서독 기본조약을 체결하면서 보건의료 분야의 협력에 대해서도 문구를 넣었다. 2년 뒤인 1974년에 동서독은 기본조약의 부속 합의서 성격으로 보건의료합의서를 체결했다. 합의서에는 감염병 발생 시 정보 교환과 상대측에 있는 여행자들에 대한 의료 지원 등의 내용이 담겼다. 이에 따라 전염병이 발생하면 상대편 인근 지역에 지역 보건기관 간에 직접 연락을 취할 수 있게 됐다. 그만큼 국경의 제약을 넘어 신속한 대응이 가능해졌다.

한반도로 따지면 남측의 강원도에서 전염병이 발생할 경우 강원도 보건당국이 북한의 강원도 당국에 직접 통보할 수 있는 것이다. 상대 지역에서 질병이 발생하여 치료를 받게 되면 현지 병원을 이용한 뒤 치료비를 상대편 당국에 청구하도록 하는 내용도 합의서에 들어갔다. 동서독 간에는 친척 방문 등의 이유로 일정 부분 상호 여행이 가능한 점 이 감안된 내용이다. 이 조항으로 상대 지역 방문시 불의의 사고에 따른 치료 걱정이 덜해졌다. 서독에서 처방전이 필요 없는 의약품들은 동독으로 부칠 수 있게 됐다. 동독 의사들의 처방전도 서독 약국에서 인정됐다. 동독에 약이 부족하거나 동독 약의 효능이 떨어지면 서독의 친척에게 처방전을 보내 약을 소포로 받을 수 있게 된 것이다.

동서독은 발송 가능한 의약품 목록도 자세히 정해 두었다. 소염제 등 기본적인 약품과 의족·의수 등을 보낼 수 있었다. 안경테도 보낼 수 있는 의료 기구로 인정됐다.

2020년 코로나19 팬데믹 상황에서 우리 정부는 북한에 손을 내밀었다. 방역 장비를 제공하겠다고 제안했다. 문재인 대통령은 3.1절 기념식에서 "북한과 보건 분야의 공동 협력을 바란다"고 말했다. 감염병 확산과 재난, 재해, 기후변화에 공동 대응할 때 함께 더 안전한 삶을 살아갈 수 있을 것이라고 강조했다. 아쉽게도 북한은 호응하지 않았다.

이런 과정에서 남북한 간의 보건 분야 공동 협력이 필요하다는 목소리가 높아졌다. 국회에 관련 법안이 제출되기도 했다. 코로나19와 같은 전염병이 앞으로 또 생길 수 있다. 남과 북이 공동으로 대처하지 않으면 서로의 안전이 위협받는 상황이 전개될 수 있다.

전염병, 보건에 대한 협력은 곧 사람의 접촉 및 교류에 대한 협력이기도 하다. 상대편 주민을 어떻게 다루느냐의 문제다. 인권에 대한 감수성이 기본적으로 들어갈 수밖에 없는 지점이다.

보건 협력은 북핵 문제나 북미 간 관계 개선 등 한반도의 핵심적인 문제들에 비해 지엽적인 사안으로 보일 수 있다. 하지만 이런 작은 사안에서 양측 간 ● 의 접점을 찾고 교류가 시작되면 상호 간에 불신과 오해를 최소화할 수 있을 것이다. 무엇보다 휴전선 인근에서 위협받는 시민의 생명권을 보호해야 한다는 데 한국 사회에 상당한 공감대가 형성돼 있지 않을까.

4_ 아이들까지 동원한 서독정부의 삐라 살포

동베를린을 뒤흔든 삐라 한 장

독일이 세계사를 좌지우지할 때도, 분단의 고통에 신음할 때도 수도 베를린 한가운데에는 언제나 '운터덴린덴' 거리가 펼쳐져 있었다. 운터덴린덴 거리는 독일제국 궁궐 앞 대로로 서울의 광화문, 종로거리 일대를 떠올리면 된다. 이 거리는 프로이센 시절 개선문 역할을 한 브란덴부르크 문 앞 파리 광장에서 시작한다.

　브란덴부르크 문은 동서독 분단기에는 장벽이 지나가던 동서 베를린의 경계지점이기도 하다. 제국의 영광과 분단의 상징이 교차된 운터덴린덴 거리는 TV 송신탑과 베를린 주 정부청사로 이어진다. 그 사이에 과거 독일제국의 궁전이었던 훔볼트포럼, 훔볼트대학교, 베벨 광장, 전몰자 추모관인 노이에바헤, 두 개의 오페라극장과 국립도서관, 그리고 베를린의 주요 박물관들로 이루어진 '박물관 섬' 등이 모두 모여 있다.

　운터덴린덴 거리는 동독의 수도가 된 동베를린에서도 중심가였다. 동독은 과거 이 거리 한복판의 독일제국 궁궐을 부수고 인민궁전을 세웠을 정도로 이곳을 중시했다. 체제의 근간이 뿌리내린 곳이었다. 이 일대에서 반체제의 목소리가 퍼져나가는 것은 상상하기 어려웠다. 하지만 장벽 너머 개혁의 바람이 불던 1969년 11월 26일. 훔볼트대학교 한복판에 전단(삐라)이 뿌려졌다.

　'마르크스주의 의무수업 거부!'

훔볼트대(왼쪽)를 끼고 있는 운터덴린덴 거리.

사회과학이라고 명명된 ● 의무수업에 반대하자는 내
용의 익명의 전단이었다. 길이 20cm, 너비 14cm에
불과한 백지에 타자기로 작성된 전단 1백여 장이 동독 사회를 뒤
흔들었다. 동독 정권은 곧 이 사건을 '사회주의에 대한 공격'으로
규정했다. 9천여 명의 대학생이 조사를 받았다. 유사한 필적을 찾
기 위해 동베를린 주민의 신분증 발급 신청서를 대조하기까지 했
다. 용의자를 찾지 못하자 동독비밀경찰(슈타지)은 당시로는 최
신 기술을 동원했다.

비디오 감시카메라가 훔볼트대학 교정 곳곳에 설치됐다. 동독
당국의 이런 민감한 반응은 체제 한복판에서 이뤄진 전단 배포의
충격이 상당했다는 것을 방증한다.

동독 정권은 감시카메라 설치에 약 100만 동독마르크에 달하
는 천문학적 비용을 지출했다. 1965년 동독 주민의 평균 월급이

약 633동독마르크였다고 하니 그 규모를 어림잡아 볼 수 있다. 암암리에 투입된 비밀요원들은 사활을 걸고 교정을 이잡듯이 뒤졌다. 그러나 어떤 단서도 확보하지 못했다. 결국 슈타지는 '선동자 색출 작전'으로 명명된 이 조사를 1973년에 중단할 수밖에 없었다.

쓰린 속을 달래며 사건을 캐비닛 속에 넣어 버린 동독 당국은 한참 시간이 지난 뒤 속이 다시 뒤집어졌다. 우여곡절 끝에 진범을 파악했지만 손을 쓸 수 없는 상황이었다. 전단 배포의 주모자 중 한 명은 훔볼트대 물리학과 재학생 라이너 쇼틀랜더로 밝혀졌다. 그러나 쇼틀랜더는 이미 1972년 가을 서독으로 건너간 상태였다. 그는 서독행 탈주에 실패해 감옥에 수감됐는데 서독 정부가 '프라이카우프'로 그를 구출했다. 프라이카우프는 서독이 동독에 돈을 내고 정치범들을 데려오는 정책이었다. 다른 주모자는 같은 학과의 학생 미하엘 뮐러였다. 뮐러는 심지어 정상적으로 훔볼트대학을 졸업하고 아예 동독 당국에 정식 출국 허가를 받아 서독 이주에 성공했다. 모두 신동방정책으로 동서독 간의 숨통이 뚫려 있었기 때문에 가능한 결과였다. 같은 시기에 진전되었던 신동방정책의 정상화 노력이 동독 내부의 인권 문제 개선에 방해가 되기는커녕 체제 개혁을 외치는 이들의 든든한 뒷배가 된 중요한 역사적 교훈이다.

(상) 민간인으로 위장하고 '삐라' 살포 작전 중인 서독 연방군.
(하) 서독 연방군의 '삐라' 살포에 동원된 아이들. © Bundesarchiv/Militärarchiv

서독이 압도한 동서독 간의 전단 전쟁

동독 정부는 왜 이렇게 '삐라 살포'에 민감한 반응을 보였을까? 당시 동독은 서독과 이른바 '전단 전쟁'을 벌이던 중이었다. 동독은 서독과의 체제 경쟁에서 갈수록 뒤처지고 있다는 사실을 전단 전쟁에서조차 실감하며 당혹해하던 차였다. 애초 전단 살포를 선전·선동의 수단으로 활용했던 것은 동독이었다. 여기에 서독이 맞불을 놓았다.

 갈수록 서독 당국은 동독을 압도하는 규모로 전단을 살포했다. 아예 이를 전담할 연방군을 조직적으로 동원했다. 1960년대 당시 동독과 서독은 서로를 '주적'으로 겨냥하며 날을 세우고 있었다. 화해를 이야기하는 이들은 동독은 물론 서독 사회에서도 소수에 불과했다. '전단 전쟁'이라는 표현에는 당시 독일이 겪은 냉전과 분단의 고통이 담겨 있다. 전단 전쟁으로 강화된 동서독 간의 긴장은 양자를 출구 없는 파국으로 몰아가는 것만 같았다. 특히 전단 배포를 위한 경쟁 속에서 양측 사회는 각각 새로운 갈등에 직면하게 된다.

 '삐라' 살포 문제는 서독 사회를 뒤흔들어 놓았다. 당시 서독 사회가 '삐라'를 둘러싼 안팎의 극심한 갈등을 어떻게 소화했는지 우리가 질문을 던질 수밖에 없는 지점이다. 이 물음은 냉전 시대의 유물 '삐라'가 '전단'으로 명칭만 바꾼 채 여전히 한국 사회를 얽매는 현실과 직결되어 있기에 의미심장하다.

 2020년 북한 당국의 개성 남북공동연락사무소 폭파를 떠올려 보자. 6월 16일, 멀쩡한 건물이 폭파되던 초현실적인 장면은 한반도를 넘어 전세계 TV 뉴스의 헤드라인으로 송출됐다. 탈북자 단

체의 대북 전단 살포와 관련해 한국에서 새로 개정된 대북전단살
포금지법은 여전히 국제정치의 이슈로 남아 있기도 하다. 서구 사
회에서 한국의 새로운 법이 표현의 자유를 침해한다는 지적도 나
온다. 우리 사회 내부에서도 전단 문제는 갈등의 분화구가 됐다.

그간 한국에 알려지지 않았던 독일 분단기 '삐라 전쟁'의 기억
을 거슬러 올라간 이유다. 동독과 서독 간에 치열하게 벌어진 전
단 살포 전쟁은 일견 한반도의 현재 모습을 떠올리게 하지만 이
문제로 인한 서독의 사회적 갈등은 '서서갈등'의 상흔만을 남긴 채
끝나지 않았다. 갈등을 직시했기에 서독 사회의 논쟁 문화가 더
성숙해지는 결과를 낳았다.

적을 닮아가다! '삐라 전 쟁'의 딜레마

1972년 동·서독 기본조약이 체결되기 전까지 분단기 동·서독
의 전단 살포 행위는 양측 모두에 의해 조직적, 계획적으로, 그리
고 대량으로 이뤄졌다. 전단 살포는 상호 비방 확성기, 대동독·
대서독 선전 방송국, 전단 외의 각종 인쇄물, 일반적인 우편 경로
로 보내진 선전매체 등 더 큰 범위로 이뤄진 냉전기 상호 심리전
의 일환이었다.

분단 초기부터 서독 당국이 앞장선 것은 아니었다. 서독은 전
승국들의 영향력이 컸던 상황에서 동독을 자극할 수 있는 전단 살
포에 조심스러워 했다. 대신 동독 체제를 적대시한 일부 민간 시
민단체들이 팔을 걷어붙였다.

냉전이 한창이던 1950~60년대에 동·서독 당국 모두 전단 살

포를 중요한 선전 수단으로 간주했다. 무엇보다 1961년 동독의 베를린 장벽 설치가 중요한 분기점이 됐다. 이와 관련한 서구의 비난과 동독 내부의 비판이 거세졌기 때문이다. 도둑이 제 발 저리다고 해야 할까? 장벽 설치를 전후해 동독 정부는 서독을 향해 무수히 많은 전단을 살포했다. 동독 당국은 전단에서 체제의 우월성을 선전하고, 국경을 넘어 동독으로 귀순을 권했다.

서독도 손놓고 지켜보지 않았다. 체계적으로 대동독 '삐라 전쟁'에 참전했다. 쉰델벡 등의 연구에 따르면 1950년대 후반 서독 당국은 비밀리에 연방군에 전단 살포를 전담하는 특별 부대를 설치했다. 여기에 국방부의 선전 관련 부서 B7과(Referat B VII)는 1959년에 대규모 선전·선동 프로젝트를 고안했을 뿐만 아니라 직접 실행할 능력까지 갖췄다. 마침 1961년 동독의 베를린 장벽 설치를 계기로 심리전 부대의 활동 폭이 커졌다. 서독 당국의 체계적인 전단 살포는 1970년대 초까지 대규모로 이어졌다.

서독의 강경한 대응은 동독을 더욱 부추겼다. 동독은 다양한 방식으로 상당량의 선전물을 서독 지역으로 보냈다. 서독 연방군의 훈련으로 국경지대에 환경문제가 발생했다는 유언비어를 배포하는 등 비난의 공세를 이어갔다. 특히 동독은 전단을 담은 풍선이 서독 상공에서 폭발하면서 광범위한 지역에 뿌려지는 '선전폭탄'을 개발하기도 했다.

'이에는 이'의 방식으로 양과 빈도를 높이며 진행된 전단 살포 경쟁이 계속될수록 동서독 당국의 부담이 늘어만 갔다. 처음에는 상대측의 비방 행위에 대응한다는 명분을 내세웠지만 갈수록 경쟁이 치열해지면서 부작용이 더 커졌다. 동독이 개발한 선전폭탄도, 서독에서 민간인을 위장해 전단 살포에 투입하는 것도 결국은 스스로 짐이 되었다. 의도했던 선전 효과도 불분명한 가운데 긴장만 고조시키는 악순환이 반복됐다. 상대가 전단 살포 행위를 중지하지 않으면 먼저 그만둘 수도 없는 딜레마에 빠졌다.

"이게 서독의 삐라라고?" 시민사회, 탈출구를 모색하다

이 악순환의 고리에서 빠져나오게 된 계기는 우연하게 만들어졌다. 1965년 초 서독 헤센주의 동독 접경지대에 위치한 조그만 마을 알텐부어쉴라. 일요일 낮 평화로운 장터에 전단을 가득 담은 풍선 열다섯 개가 떨어졌다. 바람의 방향이 바뀐 탓에 동독으로 비밀리에 보내려던 서독 연방군의 선전물이 서독 지역으로 떨어지게 된 것이다. 장터에 모여있던 마을 주민들은 전단을 읽어보고 기겁했다. 서독 연방군이 수행해온 비밀작전의 전모가 드러나게 된 것이다. 으레 동독이 보낸 뻔한 선전물이라 예상했던 주민들은 전단 내용에 더욱 놀랄 수밖에 없었다. 충격은 서독 사회 전체로 일파만파 번졌다. 시민들 사이에서는 그간 서독이 냉전 갈등의 피해자라는 생각이 일반적이었다. 서독 정부가 갈등을 키워온 주체라는 사실은 배신감을 낳았다.

　더구나 당시 서독 정부는 동독의 전단에 맞대응하는 차원을 넘어섰다. 이미 서독은 양과 질에서 동독의 전단 살포 능력을 압도했다. 1970년에 서독 연방군이 풍선을 이용해 동독에 보낸 선전물의 무게만 약 20톤에 달했다. 서독이 보낸 전단 풍선이 목표지에 도착하는 정확도는 약 80%에 달할 정도로 높았다. 서독의 발달한 전단 살포 기술을 보여주는 대목이다.

　동독은 서독의 대규모 전단 살포가 체제에 상당한 위협으로 작용할 수 있다고 판단했다. 동독도 전달 살포 능력을 끌어올리기 위해 애썼지만 기술적 한계에 부딪혔다. 당시 서독 연방군 보고서를 살펴보면, 동독의 전단 살포에 사용된 기술과 재료는 서독의 폭죽놀이에도 쓰이지 못할 수준이었다. 동독 당국은 전단 살포 전쟁에서의 열세를 만회하기 위해 서독 가정에 일반우편으로 선전물을 보냈지만 소용없었다. 대부분 주소지에 도착하기 전 서독 당국의 손에 넘어갔다.

　서독 당국의 전단 살포 행각이 들통난 뒤 시민사회와 언론은 비판을 쏟아냈다. 보도와 사회적 토론을 통해 더 이상 이런 현실을 방치해서는 안된다는 인식이 형성됐다. 이미 체제 경쟁에서 우위를 점했기 때문이 아니었다. 민주주의가 제대로 작동하는 사회라면 동독과는 다른 방식으로 행동해야 한다는 목소리가 커졌다. 전단 살포 논란은 대범하면서도 미래지향적인 자세로 분단 갈등의 해결을 모색해야 한다는 패러다임이 더욱 자라나는 계기가 됐다.

　동·서독 기본조약의 체결 과정에서 전단 살포 및 상호 비방 행위를 중단해야 한다는 데 양측 모두 공감대를 형성했다. 기본조약 체결에 앞서 전개된 막후 협상에서 전단 살포 중단 문제가 자연스럽게 주요 의제로 다뤄졌다. 신동방정책을 입안한 서독의 전략가 에곤 바가 활약했다. 그는 협상 테이블에 나선 동독의 서독통인 미하엘 콜과 치열한 논의 끝에 상호 전단 살포 중지에 합의했다. 당시 동서독 간 체제 선전 전쟁에서 서독의 유일한 눈엣가시는 동독의 선전방송인 935군사방송이었다. 동독이 이 방송을 중단하는 대신 서독은 연방군의 전단 살포를 항구적으로 중단하는 합의가 이뤄졌다. 1972년 초여름의 일이었다.

'삐라 전쟁' 대신 쌍방향 소통을

동서독은 전단 살포 행위를 중단하는 데 그치지 않았다. 이와 맞물러 민간 교류의 확대에 합의하고 실행으로 옮겼다. 전단 살포라는 커뮤니케이션 방식은 선전·선동이 지닌 일방성의 한계를 넘기 어렵다. 장벽 넘어 전단을 받아 볼 그 누군가는 메시지의 단순 수령인이 아니라 비판적으로 반응할 수 있는 주체적인 인간이기 때문이다. 동독으로 송신 된 서독 TV 뉴스를 보든지, USB 스틱에 담겨 중국 국 경을 넘은 한국의 콘텐츠를 접하든지 스스로 생각하고 취사선택하여 의견을 내고 싶은 게 사람의 당연한 모습이다. 그런 상대방을 수령자로만 취급할 수밖에 없다는 점에서 전단 살포 행위에는 분단의 일방주의가 숨겨져 있다. 전단 살포라는 반쪽의 커뮤니케이션에만 매달리는 것이 효과적인 소통일 수 없는 이유다.

당시 서독의 협상 담당자들은 전단 살포 행위를 둘러싼 논란을 넘어 쌍방향적인 소통 채널을 더 확장하지 않는다면 분단 관계의 비정상성을 극복할 수 없을 것이라는 점을 인식하지 않았을까? 서독 협상팀은 우세했던 전단 살포를 중지해 양보하는 모양새였지만, 결국 민간 교류 확대뿐만 아니라 특파원 파견 등을 포함한 미디어 교류라는 더 큰 소득을 올렸다. 민간 교류와 미디어 교류야말로 '전단 살포는 폐쇄된 사회에 정보를 전달하는 통로'라는 일

건 그럴듯한 주장에 대한 가장 설득력 있는 반론이었다. 민간 교류와 미디어 교류는 그 사회의 폐쇄성 자체를 완화한다.

분단기 동서독은 전단 전쟁을 극복하면서 새로운 단계로 나아갔다. 서독은 냉전을 상징하는 '삐라' 대신 점진적이지만 지속적인 교류를 추구했다. 이 원칙에 대한 사회적 합의가 이루어졌기에 이후 서독에는 일방적 소통도, 비생산적인 논쟁도 자연스럽게 줄어들었다. 당시 동서독 간 교류는 점점 확대됐지만 자유로운 교류라고 부르기에는 부족했다. 그러나 지금 한반도 상황과는 질적으로 다른 조건이 조성됐던 것은 분명하다. 전단 살포 중단은 민간 및 미디어 교류 확대를 위한 마중물이 됐다. 분단기 동·서독 간의 합의가 시공간을 넘어 우리에게 전하는 메시지다.

●

(우) 날아가는 대북 전단 풍선. © 연합뉴스

— 2부 —

남북에 기회의 땅, 베를린

베를린에서 과거 남과 북의 색채는 회색빛이었다.
북으로 넘어가는 통로도, 간첩단 조작 사건의 배경도 됐다.
지금은 장밋빛이 점점 강해진다.

베를린은 '민족'보다 '보편', '다양성'을 표상한다.
민족이라는 당위를 넘어 한반도에서 어떻게 어울려
잘 살 수 있을까?
베를린에서 지혜를 구해 본다.

1 _ 첩보 전쟁터에서 아이돌급 인기 북한대사

냉전을 넘어 교류 · 협력 주무대가 된 베를린

남북의 첩보원들이 거대한 음모에 휘말리는 내용을 다룬 영화 '베를린'의 배경은 제목 그대로 베를린이다. 냉전 시절의 베를린은 유럽에서 주요 국가들이 가장 치열하게 첩보전을 전개했던 도시였다. 지금도 '미션 임파서블', '제이슨 본' 시리즈 같은 블록버스터 영화들의 배경이 되고 있다. 최근에는 '베를린 스테이션'이라는 첩보물 미드 시리즈가 인기를 끌기도 했다. 그래도 영화는 영화다. '베를린' 같은 영화가 나올 수 있는 배경을 주목해 보자. 베를린은 남북한 대사관이 공존하는 몇 안되는 도시 중 하나다. 이러다 보니 교민들 중에 북측을 보듬으려는 이들도 있다. 1967년에 서베를린의 유학생을 중심으로 일부 교민들이 동베를린 소재 북한대사관을 왕래하면서 이적활동을 했다는 동백림(東伯林) 간첩단 사건의 배경이기도 하다. 동백림은 동베를린의 한자명이다. 동백림 사건은 이후 중앙정보부에 의해 과장 및 조작된 것으로 판명됐다. 독일 통일 1년 전인 1989년 임수경 씨가 평양에 가기 위해 경유한 곳도 베를린이다. 임수경 씨는 서베를린에 도착한 후 동베를린을 거쳐 평양으로 향했다. 당시 현지 교민이 동베를린까지 안내자 역할을 했다.

독일 통일 이후 베를린에서의 북측 활동은 대폭 줄었지만, 북핵 및 탄도미사일 실험에 따른 대북제재 이전까지는 북측 인력이 비교적 자유롭게 활동했다. '베를린'이란 영화의 시나리오가 나올 법한 배경인 셈이다.

이 지역에서 남북 간의 특수한 상관성은 2018년 베를린에서 열린 6.15 공동선언 18주년 기념행사에서도 여실히 나타났다. 당시 같은 해 4월 판문점에서 열린 남북정상회담과 6월 싱가포르에서 열린 북미정상회담으로 한반도는 평화 및 교류·협력 시대를 열어젖힐 듯한 분위기였다. 한반도에서 6.15 공동선언 18주년 행사도 공동으로 열릴 듯했지만 무산됐다. 그런데 베를린에선 남북이 한데 어우러졌다. 베를린에서 남측이 주최한 6.15 공동선언 기념행사장에는 정범구 주독 한국대사와 박남영 주독 북한대사가 나란히 앉았다.

행사장에서는 예고도 없이 북측 청소년 여섯 명이 무대 위로 올라와 200여 명의 참석자   들을 놀라게 했다. 베를린

베를린에서 북한 청소년 합창단을 소개하는 박남영(앞줄 왼쪽) 주독 북한대사와 정범구 한국대사(앞줄 오른쪽).

에 거주하는 북측 청소년들은 피아노 반주에 맞춰 '백두와 한나는 내 조국'을 불렀다. 이 노래 도중 통일을 염원하는 가사 대목에서 북측 청소년들은 울먹이기도 했다. 이들이 앙코르 요청을 받고 우리나라에 많이 알려진 북한 가요 '반갑습니다'를 부르자 행사장의 분위기는 절정으로 치달았다. 베를린에서는 사실상 남북이 공동 행사를 연 셈이다

현장에서 박 대사는 스타였다. 교민들이 셀카를 촬영하려고 줄을 섰다. 특히 중년 여성분들이 박 대사 주변에 몰려들었다. 박 대사도 겸연쩍은 미소를 지으며 일일이 교민들의 요청에 응했다.

2019년 1월에도 남북은 베를린에서 얼싸안았다. 베를린에서 열린 세계 남자 핸드볼선수권대회에 남북한 단일팀을 이뤄 출전했다. 애초 남측은 단일팀 훈련지를 충북 진천 선수촌으로 하고 베를린에는 개 막 일주일 전쯤 가려했지만, 북측이 손사래를 쳐 일 찌감치 베를린에서 훈련을 시작했다는 후문이다. 당시 잇단 남북 정상회담과 북미 정상회담에도 비핵화-상응 조처 협상이 순조롭지 않은 시점이었다. 진천에 훈련 캠프가 차려졌다면 선수들의 훈련 상황이 남측 언론을 통해 시시각각 전달될 수밖에 없는 상황이었다. 북측은 남북 간의 화해 및 협력 분위기를 필요 이상으로 연출하고 싶지 않았던 셈이다. 이 탓에 남북 핸드볼 단일팀은 이례적으로 3주 가까이 베를린에서 훈련한 뒤 첫 경기를 치르게 됐다. 역시 남북한 대사는 베를린의 훈련장에서, 그리고 독일과의 개막전 경기장에서 손을 마주 잡았다.

이후 북미 간 비핵화 협상의 교착 국면이 길어져 한반도 정세가 더욱 경색되면서 베를린에서의 남북 간 교류도 쉽지 않았다.

이런 상황에서도 2020년 1월 베를린에서 남북 간의 만남이 이뤄졌다. 김일성종합대학 도이칠란트어문학과 학생 열두 명과 교수 두 명이 연수 차 베를린을 찾았다. 북한 김정은 위원장이 선제적 비핵화 조치로 진행해 온 '핵실험 및 대륙간탄도미사일(ICBM) 시험 발사 중단' 결정을 폐기할 것임을 시사한 직후였다. 한반도에서 남북 간의 교류도 꽉 막힌 상황이었다. 김일성종합대학 학생들은 베를린자유대의 계절학기 프로그램에 3주간 참여한 뒤 귀국했다. 이 프로그램에는 한국 학생도 70여 명이 참석했다. 자연스럽게 학생들 간의 교류가 이뤄졌다. 다만 남북 당국자 간의 만남은 이뤄지지 못했다. 종강식 때 정범구 주독 한국대사가 참석했지만 북측 대사관에서는 오지 않았다.

한반도를 우회해 남북 간의 접근이 이뤄질 수 있는 것은 베를린의 특수한 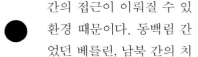 환경 때문이다. 동백림 간첩단 조작 사건의 배경이 었던 베를린, 남북 간의 치열한 첩보전이 펼쳐졌던 베를린은 언제든지 남북 간의 교류·협력을 위한 전초기지가 될 수 있다는 것을 보여줬다. 서서 간, 동서 간 갈등으로 첨예하게 대립하면서도 꾸준히 접촉이 이뤄지며 갈등을 조정해 나갔던 베를린. 동서독 분단 45년 동안 공존 및 통일을 위해 끊임없이 나아갔던 베를린은 남북한이 '작은 발걸음'(kleine Schritte)을 내딛을 수 있는 기회의 도시다.

2_ 북한 핸드볼 선수의 어떤 이별

한반도 교착상태 속 베를린엔 틈새길

"누나는 공항까지 같이 안 가나요?"

2019년 1월 21일 오전 4시 30분께 덴마크 수도 코펜하겐 인근의 한 호텔 로비.

남자핸드볼 세계선수권대회에 남북 단일팀으로 출전한 북한 선수들 네 명을 떠나보내는 자리였다. 주로 베를린에서 훈련하면서 대회에 참가했던 단일팀은 마지막 경기를 공동 주최지인 코펜하겐에서 치렀다.

당시 22세의 북측 선수 ● 리경송은 배웅하러 나온 남측 코치진 및 지원팀에게 좀처럼 등을 돌리지 못했다. 버스에 탄 리경송 선수가 눈물을 훔치는 모습이 창을 통해 보였다. 버스에 타기 전 그는 남북 단일팀의 매니저인 당시 29세의 백재은 씨에게 작별 인사를 하면서 공항까지 같이 안 가느냐고 물었다. 주변의 한 남측 인사는 그 말을 "누나는 북한에 같이 안 가나요?"라는 농담으로 잘못 듣기도 했다.

리경송 선수가 그렇게 표현해도 이상하지 않을 만큼, 이별의 아쉬움이 깊다고 생각한 것이다. 백재은 씨는 독일 대학원생으로 통역 등의 업무를 맡았다. 남북을 가리지 않고 선수들이 생활의 불편을 느낄 때 가장 먼저 찾는 사람이 백재은 씨였다. 그만큼 서로 편한 관계였고 짧은 시간에 정이 깊게 들었다.

남북 선수들도 빠르게 어울렸다. 체제가 상반되고 사고 체계가

108

달랐지만 역시 언어가 같고 과거부터 내려온 동질적인 문화적 특성의 영향이 컸다. 선수단의 최고참은 주장인 남측의 정수영 선수였다. 당시 34세의 정수영 선수는 일부 북한 선수들을 데리고 레스토랑에서 한턱을 내기도 했다. 훈련이 한창이던 1월 초 선수단 숙소였던 베를린의 한 호텔에서 정수영 선수를 취재 차 만났다.

"어색한 느낌은 하루 이틀 정도였어요. 시간이 조금 지나니 먼저 와서 장난을 치던데요."

호텔 방에서 옹기종기 모여 즐기던 라면 야식은 남북 선수들을 더욱 끈끈하게 하는 접착제였다. 같은 조 팀들의 경기 결과에 대해 '꿀밤' 내기를 하는 등 스스럼없이 어울렸다.

정범구 주독 한국대사는 베를린의 어느 한식당으로 단일팀 선수들을 초대해 한식을 대접했다. 북측은 직접 나서지는 않았지만, 간접적으로 남측 선수들에게 손수 장만한 음식을 제공했다. 주독 북한대사관의 외교관 부인들이 김치김밥을 북측 선수들에게 넉넉하게 전달했고, 당연히 남북 선수들이 함께 오손도손 김밥을 나눠 먹었다. 베를린에 거주하는 교민, 남북 대사관 직원들 및 그 가족도 단일팀 출전을 계기로 하나가 됐다. 공동 응원 현장을 취재할 때 북측 응원단에게 조심스럽게 소감을 물어봤는데 도리어 적극적인 반응이 와 당황하기도 했다.

단일팀 구성을 앞두고 당시 남북 상황은 여의치 못했다. 남북 및 북미 관계 발전 가능성을 높였던 그해 4월 남북미 판문점 회동 이후 기대와 달리 북미 비핵화·평화 체제 구축 협상이 교착되면서 소강상태가 이어지고 있었다. 한국 정부가 공을 들인 김정은 북한 노동당 총비서의 연내 답방도 점점 더 여의치 않은 분위기였다. 북미 협상에서 돌파구가 마련되지 않자 남북 간 교류 및 협력도 대북 제재의 벽 앞에서 탄력을 받지 못하고 있었다.

한반도의 이런 분위기와 달리 베를린에서 남북 선수들과 응원단이 정을 나누며 남북 민간 교류가 기회만 닿으면 발전할 수 있다는 것을 증명한 데에는 독일 측 역할이 컸다. 애초 남북 단일팀이 성사되는 데 주최 측인 독일의 지원사격이 크게 작용했다. 평소 북핵 문제로 인한 국제적인 대북 제재 국면에서 독일이 취했던 스탠스와는 달랐다.

독일은 유엔의 제재에 적극적으로 동참해 왔다. 국제사회에서 당연히 취해야 하는 바람직한 태도이지만 아쉬운 점도 있었다. 주로 베를린에서 추진된 남북 간의 민간 교류에도 깐깐한 잣대를 들이댔다는 지적이 따랐다. 인도적 차원에서 북한에 의료 기술을 전수하기 위한 의료인 연수, 베를린국제영화제를 통한 남북 영화 교류를 위한 영화계 인사 초청 등에서 북측 인사들에 대한 비자 발급이 상당히 까다로웠다는 평가가 관계자들로부터 나왔다.

남북단일팀 매니저 백재은(가운데) 씨와
북한의 리영명(왼쪽) 리경송(오른쪽) 선수.

통일 독일팀과 분단 한반도 단일팀의 맞대결

그러나 핸드볼 남북 단일팀의 경우 독일은 적극적으로 지원했다. 대회 최대 하이라이트의 하나인 개막전에서 홈팀 독일의 상대는 남북 단일팀이었다. 대회 흥행을 고려한 주최 측의 판단이었다. 독일 분단과 통일의 상징인 베를린에서 독일팀과 아직 분단의 굴레에서 벗어나지 못한 남북한 단일팀이 개막전에서 맞붙는 것은 국제적으로 이목을 끌 수 있는 흥행 포인트였다.

개막전에는 남북한의 대사뿐만 아니라 프랑크-발터 슈타인마이어 독일 대통령, 토마스 바흐 국제올림픽위원회(IOC) 위원장이 참석했다. 슈타인마이어 대통령은 개막전에서 "우리는 평창 동계 올림픽을 통해 이미 정치로 스포츠가 영향을 미칠 수 있 풀기 어려운 영역에서 스 는 것을 알 수 있었다"고 말 했다. 독일의 하이코 마스 외무장관은 성명까지 내며 "이번 개막전은 우리 모두에게 주는 희망의 상징"이라면서 "베를린에서 남북 관계 개선을 위한 강한 신호를 보낼 수 있게 돼 기쁘다"고 말했다. 또 "지난해 남북한 간에 대화를 통해 상당한 화해가 이뤄졌다"면서 "스포츠는 남북 간 화해의 시작부터 중심적인 역할을 했다"고 덧붙였다.

베를린이 남북 관계 개선을 위한 민간 교류의 장이 될 수 있다는 것을 독일 정부가 강조한 셈이다. 독일 정부가 베를린이라는 공간을 통해 남북 교류·협력의 기회를 마련하면 국제사회에서 독일의 역할과 위상이 커질 수 있다.

2019년 3월 베를린에서는 북한을 포함한 반관반민 형식의 '다자 1.5 트랙' 협의가 추진되다가 막판에 중단된 적이 있었다. 베를린자유대 등 일부 대학과 기관이 공동 주최하는 형식이었고 독일 외무부가 관여한 것으로 전해졌다. 남북미를 포함해 10개국이 참석 대상이었는데, 북측이 막판 참석 의사를 알려오지 않아 무산됐다. 같은 해 2월 베트남 하노이에서 열린 2차 북미 정상회담이 합의 도출 없이 막을 내린 뒤 북미 관계가 냉각기에 들어선 점이 영향을 미쳤을 터였다.

성사되지는 못했지만, 왜 베를린에서 이런 회의가 추진됐을까. 제1차 북미 정상회담을 앞둔 2018년 3월 스웨덴 스톡홀름에서 북한-스웨덴 외교장관회담이 열려 북한의 리용호 외무상이 참석했다. 이어 같은 달 핀란드 헬싱키에서 열린 1.5 트랙에서도 최강일 북아메리카국 부국장이 참석한 바 있다. 북유럽 국가들이 한반도 상황을 호전시키기 위한 중개자 역할을 하는 상황에서 유럽의 최강국인 독일도 역할을 자임하고 나선 것으로 볼 수 있다. 독일이 지정학적으로는 한반도와 연관성이 떨어지지만 유일한 분단 극복 국가인데다 다자주의의 주요 축이 되려는 유럽 맹주로서 북유럽 국가들의 활약을 가만히 지켜볼 수만은 없었던 셈이다.

서독의 실용주의적 접근 잊은 독일의 아쉬운 역할

그럼에도 한반도 문제를 놓고 독일의 역할이라는 부분에서는 아쉬움이 여전하다. 북한 인사들에 대한 '깐깐한' 비자 발급과 같은 실무적 차원을 넘어서는 문제다. 북핵 문제를 놓고 독일이 국제사회의 제재에 적극적으로 동참하는 것은 당연하지만, 분단을 극복한 독일이니만큼 다른 국가들과는 달리 상상력 있는 접근도 가능하지 않을까 하는 생각이다.

독일 분단기에도 핵 문제로 장기간 긴장이 고조된 적이 있었다. 1970년대 중반 소련이 동독을 비롯한 동유럽 국가에 중거리탄도미사일 SS-20을 배치하면서 미국과 소련 간의 데탕트 분위기가 깨졌다. 미국은 강경하게 나왔다. 소련에 첨단기술 수출을 금지했고, 1980년 모스크바 올림픽을 보이콧했다.

소련의 핵미사일로부터 직접적인 위협을 받은 서독도 강하게 반발했다. 사회민주당 소속인 헬무트 슈미트 서독 총리는 1979년 소련의 핵미사일이 동유럽에서 철수할 때까지 서독 등 서유럽 지역에 핵무기를 배치해야 한다고 주장했다. 이른바 '이중결정'(Double-track decision) 이라고 명명된 카드였다. 나아가 슈미트 총리는 미국의 중거리핵미사일 퍼싱-2를 서독에 배치하겠다 고 손을 들었다. 당시 이런 슈미트 총리의 대응은 훗날 한국 사회에서 북핵 문제에 대해 '맞불' 조치를 해야 한다는 논리로도 사용됐다.

그러나 서독은 온건한 전략도 병행했다. 대화와 협상을 통해 긴장이 풀리도록 중재자로서 노력한 것이다. 서독은 미국의 강경한 입장에 보조를 맞추면서도 한편으로는 미국에 모스크바 올림픽 보이콧을 철회하라고 요청했다. 특히 서독은 소련과의 교류·협력 관계를 유지했다. 서독은 미국과 소련이 군비축소 회담을 재개하도록 종용했다. 슈미트 총리는 대외적으로 소련이 핵미사일을 철수하도록 강경한 발언을 쏟아냈지만, 1980년 6월 모스크바를 방문하여 미국과 소련 간에 중재자 역할을 했다.

레오니트 브레즈네프 소련 공산당 서기장은 1981년 서독의 수도 본을 방문했다. 그는 슈미트 총리의 설득으로 중거리핵미사일을 감축하겠다며 다소 양보했다. 두 정상은 양국 간 경제 관계를 더욱 밀접하게 하기로 했다.

슈미트에 이어 총리직에 오른 헬무트 콜은 1983년 11월 미국의 중거리핵미사일 퍼싱-2를 서독에 배치하기 전후에 소련을 방문하여 조문외교를 펼쳤다. 그는 1982년 11월 브레즈네프 서기장 장례식, 1984년 2월 유리 안드로포프 서기장 장례식에 참석했고, 장례식이 끝난 뒤 동독의 에리히 호네커 공산당 서기장과 별도로 만나기도 했다. 서독은 핵미사일을 둘러싼 냉전적 분위기가 동서독 간의 교류·협력을 해치지 않도록 세심하게 노력했다.

서독은 퍼싱-2를 배치한 해에 동독에 대규모 차관을 제공하는 결정을 내리기도 했다. 이는 서독이 핵 위기 속에서도 우회적으로 적과의 대화 및 협력을 멈추지 않으면서 도발 방지와 긴장 완화, 교류·협력의 확대를 위해 실용주의 노선을 여실히 보여준 역사적 사실이다.

그러나 오늘날의 독일은 창발적으로 돌파구를 찾던 과거 서독의 모습과 비교해 볼 때 한반도 문제를 놓고 상당히 경직된 인상이다. 2019년 9월 베를린에서 열린 한독포럼에서 한국 측 참석자들은 "남북을 보는 독일의 시각이 어둡고 부정적이어서 우리의 기대와 어긋난다"면서 한반도의 분단 극복을 위한 독일의 기여를 당부했다.

이에 당시 슈테판 아우어 주한 독일대사는 "북한과 동독은 많은 차이가 있는데, 그중 가장 큰 차이는 북한이 핵보유국이라는 점"이라며 "북한은 세계 질서를 위반했고, (제재 참여는) 세계 질서를 유지하기 위한 중요한 조치"라고 답했다.

과거 서독이 신동방정책을 추진하며 소련과 동유럽 국가들을 향해 과감하게 내밀었던 손길, 유럽 핵 위기 상황에서 끊임없이 중재 노력을 했던 점과는 너무 다른 접근 방식이다.

앙겔라 메르켈 독일 총리는 2017년 9월 대북 문제와 관련해 "독일이 중재 역할을 할 수 있다"면서 "한반도는 독일과 멀리 떨어져 있지만, 우리에게 영향을 미칠 수 있기 때문에 책임을 떠맡으려 한다"라고 말했다.

메르켈 총리는 또 "우리는 이란 핵 협상에 중재자로 참여했고, 이 협상으로 이란의 핵무장 가능성은 상당히 제약됐다"면서 "북한 문제도 같은 길이거나 비슷한 길을 걸어야 한다고 생각한다"라고 말했다. 이후 4년이 지나도록 한반도 문제에서 중재자로서 독일의 역할은 사실상 없었다. 창의적으로 돌파구를 찾았며 한반도 문제에서 역할을 현재 독일 사회가 유연하고 던 '서독의 기억'을 떠올리 모색하기를 기대해 본다.

3_ 김일성대 학생들 반갑지만 우리도 배려를…

좀 더 세심함이 필요한 남남갈등 관리

2020년 1월 베를린에 김일성종합대학 도이칠란트과 학생 열두 명과 교수 두 명이 방문했다. 베를린자유대가 초청한 푸비스라는 학술 교류 프로그램에 참가하기 위해서였다.

학술 교류는 인도적 지원 등과 함께 대북 제재의 대상이 아니다. 북측 교수 및 학생들의 일정은 베를린자유대가 주관했다. 우리 정부는 이런 행사에 겉으로 나서지 않는다. 어디까지나 민간 차원의 교류다. 그렇다고 남북한 간의 교류·협력이 민간 차원에서 자연스럽게 이뤄지기는 쉽지 않다. 교류·협력에는 비용이 들기 마련이다. 행정적 지원도 필요하다.

남북관계의 미세 혈관을 하나라도 더 이어가야 하는 상황에서 민간 교류·협력의 기회가 있다면 정부 측이 지원을 마다하기 어렵다. 남북협력기금으로 충분히 지원 가능한 부분이다. 예전에 동서독 간 민간 교류·협력의 상당 부분에는 서독 정부의 지원이 숨어 있었다. 더구나 남측에서도 베를린자유대와 교류 차원에서 선발된 수십 명의 학생들이 푸비스 프로그램에 참여했다.

부산대와 홍익대 등에 다니는 학생들이었다. 사실상 한반도에서는 남북 간의 교류가 막혔지만, 베를린에서 남북 간 민간 차원의 만남과 접촉이 이뤄지는 기회였다.

남북 학생들의 자연스러운 어울리기

북측 학생들의 행동은 경직되지 않았다. 1년 전 베를린에 왔던 비슷한 연령대의 핸드볼 선수들과는 사뭇 달랐다. 당시 남자 핸드볼 세계선수권대회에 남북 단일팀으로 온 북측 선수들은 대부분 지방 출신이었다. 실내 스포츠 선수들인데도 실외에서 훈련을 많이 했는지 하나같이 얼굴이 새까맣게 그을렸다.

반면 김일성대 학생들은 한눈에 도시인의 느낌이 났다. 고향이 지방인 학생들도 있었겠지만, 평양에서 생활하고 공부해 시골티를 벗은 듯했다. 그 학생들은 북한 사회에서 엘리트라 볼 수 있다. 김일성대는 북한의 최고 대학인만큼 입학이 상당히 어렵다고 한다. 공부만 잘해서는 갈 수 없다. 출신 성분이 좋지 않으면 입학 기회를 얻기 어려운 것으로 한국 사회에 알려졌다. 더구나 이 학생들은 도이칠란트과에서도 선발된 소수다. 선발 기준을 알 수 없지만 북측이 안심하고 해외에 보낼 수 있는 학생들임은 틀림없다.

북한 학생들은 여러모로 특별 관리를 받았다. 수업 외에도 베를린의 문화를 탐방하고 독일의 문화유산이 남아있는 드레스덴 같은 도시 견학 프로그램에도 참여했다. 학생들에게 독일어 학습만이 아니라 독일 역사와 문화, 현재를 느낄 기회가 제공됐다.

북한 엘리트들이 서구 사회의 모습을 가능한 한 많이 경험하는 것은 우리로서도 좋은 일이다. 이런 프로그램이 확대되면 자연스럽게 해외에서 남북 간 접촉면이 넓어질 수 있다. 국제사회에서 북한의 고립이 계속될수록 남북 간에 커지는 문화적 거리감을 조금이라도 좁혀 나갈 작은 기회이기도 하다.

실제 남북의 학생들은 기숙사 등에서 함께 요리하고 대화를 나눴다. 남측 학생들이 조금 더 다가가려고 노력했고, 북측 학생들은 이를 자연스럽게 받아들였다. 푸비스 프로그램 종강식에서는 남북 학생들 간 웃음꽃이 만발했다. 이별을 아쉬워했지만 즐겁게 다음 만남을 기약했다.

베를린자유대 학생들과 섞여 앉아있는 김일성종합대학 학생들.

'특별 대우' 이해하지만 남측에도 '작은 배려'를

그런데 당시 만난 어느 한국 학생이 한 가지 아쉬움을 토로했다. 북측 학생들과 같은 기숙사에서 지내다 보니 그들의 일정이 다른 학생들과 다르다는 것을 느낄 수 있었단다. 북측 학생들이 특별 대접을 받을 수 있다는 것에 대해선 어느 정도 이해가 된단다. 남측 학생들보다 자유도가 떨어지는 데 대한 동년배의 안타까움도 있었다. 독일에서 북측 학생들이 보고 느낀 것들이 장기적으로 남북 관계에 도움이 될 수 있다는 성숙한 인식도 나타냈다. 그렇지만 가슴 한켠에선 씁쓸했단다. 주머니 사정이 여유 있는 남측 학생들도 있었겠지만 상당수의 학생들은 보름 정도의 독일 생활 동안 용돈을 아껴 써야 하는 형편이었다. 당시 만난 그 학생도 식비를 절약하기 위해 마트에서 재료를 구입해 기숙사에서 직접 저녁을 지어 먹었다고 했다. 이 학생의 속이 좁다고만 볼 수 있을까? 한반도 평화 체제를 진전시키고 같은 민족 간에 발전을 이루기 위해 그런 감정을 갖는 것은 성숙하지 않다고 다그칠 수 있을까?

알다시피 남북 관계는 특수하다. 경제적으로 체제 경쟁이 이미 끝난 상황에서, 상호주의를 엄격히 적용하기 어려운 공동운명체라는 특성이 있다.

북측의 일부 엘리트들은 자본주의 사회의 중산층 이상의 소비 형태를 보이기도 하지만 대다수의 북한 주민은 그렇지 않다. 김정은 체제에서 북한의 경제 사정이 나아졌다고 하지만 국제적인 제재 속에서 북한 주민의 삶은 점점 힘겨워지고 있다. 그만큼 남측이 최소한의 인도적인 차원에서 북측을 도와줄 필요가 있다. 북핵 문제와 경제 제재만 풀린다면 남측이 북측에 도움을 줄 수 있는 길이 활짝 열릴 수 있다. 다만 이 과정에서 우리가 상호주의를 철저히 내세우면 북한의 관행으로 볼 때 교류 및 협력에 미온적으로 나올 수 있다.

그렇다고 맹목적으로 북한을 돕기만 해야 한다는 명제는 남측 시민을 설득시키기에 충분하지 않다. 자유주의 사회에서는 시민의 생각이 여러 갈래일 수밖에 없다. 질곡의 현대사는 개인적 편견을 키우기도 했다. 북한에 대한 이른바 '퍼주기'에 불만을 가진 시민도 있고, '퍼주기'가 불가피하다는 생각을 하는 시민도 있다. 모두의 생각을 통일시킬 수는 없지만 최소한의 공감대를 마련해 가는 노력이 있어야 '남남갈등'의 소지가 줄어든다.

우리가 얻는 것보다 북한에 더 많은 것을 제공할 수 있다는 것에 대해선 많은 시민이 이해하고 있다. 남북관계에선 눈앞의 물리적인 이익뿐만 아니라 평화 정착으로 인한 편익, 그리고 남북 간의 교류 및 협력 확대로 인한 미래 편익이 기대되기 때문이다.

이미 과거 서독이 분단기에 성공적인 사례를 보여줬다. 그러나 이 과정에서 남측의 정서를 세심하게 고려할 수 있어야 불필요한 남남갈등을 유발하지 않고 남북 간 관계 개선을 위한 내부 동력을 더 확보할 수 있을 것이다.

4_ "독일 통일은 싫든 좋든 왔습니다"

'통일'이란 말은 오랫동안 젊은 세대에게 일방적으로 주입돼 왔다. 민족주의적 감정의 발로였든, 국민통합을 위해서였든, 혹은 젊은 세대의 미래를 위한 고언이었든 간에 마이크를 쥔 기성세대의 목소리에 청년들이 귀기울이지 않은 지도 오래됐다. 기성세대도 이제 대부분 이를 알고 있다. '통일에 무관심한 청년과의 대화'가 각종 행사의 주제로 유행한 지도 꽤 됐다.

2019년 여름 베를린, 필자(이진)는 독일 나우만 재단의 한독 청년 토론회에 좌장으로 초청받았다. 한국에서 아주통일연구소를 통해 선발된 청년들이 참여한 토론회였다. 당시 청년들을 인솔한 아주대측 한 관계자는 "한국에서 정말 열심히 준비한 학생들"이라고 소개했다. 하지만 이 청년들도 통일에 대한 인식은 같은 세대의 일반적인 생각과 다르지 않았다. 또래 세대의 마음을 대변하려는 듯 어떤 한국 대학생이 자신 있게 손을 들고 질문했다.

"힘든 통일을 왜 해야 하나요? 지금 우리 청년들이 처한 현실만으로도 매우 힘들다는 점을 이해해줬으면 합니다."

한국보다 더 통일에 무관심했던 서독

신동방정책이 실시되던 1970년대에 서독의 시민들은 통일에 대해 어떻게 바라봤을까? 요즘 한국의 청년 세대와 큰 차이가 없었다. 분단기 서독에서는 동독과 동독인에 대해 크게 관심을 두는 이들이 많지 않았다. 분단 직후인 1950년대에는 민족주의 경향을 띤 보수 진영에서 통일을 적극적으로 외쳤지만 이후 점점 목소리가 줄어들었다. 여론조사 기관 알렌스바흐 연구소의 1971년 8~9월 설문 결과, 응답자의 65%는 앞으로도 '동서독이 분리될 것'이라고 전망했다. '통일이 될 것'이라는 답변은 21%에 불과했다. 응답자의 60%는 동서독 간 문제 해결 방식으로 '통일이 최선'이라고 답하기는 했다. 그러나 '통일이 최선'이라고 답한 이들의 3분의 1만 현실에서 통일이 이뤄질 것으로 내다봤다.

이런 경향은 1980년대 들어 더 심해졌다. 대중이 동독에 관해 관심을 점점 두지 않자, 전문가들도 동독 내부의 변화에 대해 소홀히 했다. 분석이 정교하 지 못했다. 극소수의 전문가들을 제외하면 아무도 예 상하지 못한 시점에 갑작스레 장벽이 무너졌다.

남아있는 베를린 장벽을 둘러보는 시민들.

싫든 좋든 찾아온 통일

동독에 대한 서독의 무관심이 점점 커지고 있을 때 독일 통일은 현실로 다가왔다. 남북한도 현재로서는 통일을 논하는 것 자체가 비현실적인 듯하지만, 미래의 역사가 어떻게 전개될지 알 수 없다. 독일의 경험을 우리가 돌이켜봐야 하는 이유다. 필자는 한국 청년들에게 이렇게 답변했다.

"싫어도, 혹은 무관심해도 갑자기 올 수 있는 것이 통일입니다. 생각지도 못했는데 통일이 왔다는 것, 이것이 한국인이 독일 통일로부터 얻어야 하는 첫 번째 교훈일지도 모릅니다."

통일이 싫다는 청년들의 의견은 중요하다. 하지만 통일이 오지 않을 것이라고 가정하는 것은 무리가 있다. 좋든 싫든 통일이 갑작스레 올 수 있다는 전제부터 공유돼야 한다. 그래야 모두 납득할 만한 논의를 이어갈 수 있다.

여기에 미래의 통일을 말하기 이전에 그 미래 세대가 처한 지금의 현실에 대한 충분한 고민이 결합되어야 한다. 통일이 달성된 이후의 이상적인 약속이 아니라, 통일 전의 과정이 각 개인에게 어떤 현실적인 편익을 줄 것인지를 이야기해야 한다. 결과만 민주주의 체제를 지향하는 통일 논의가 아니라, 그 과정도 사회 구성원의 목소리가 반영되는 민주주의적 방식이어야한다.

통일 준비는 민간교류 확대와 상호 이해로부터

2019년 4월 필자들은 1980년대 말의 장벽 붕괴와 같은 격변을 에

견했던 서독의 동독 전문가 안네 쾰러 박사를 방문했다. 그는 여론조사기관 인프라테스트에서 서독의 통일부 격인 내독부의 의뢰로 동독인에 대한 장기 비밀 설문조사를 책임졌다.

서독 사회에서 유통되는 정보 뒤에 존재하는 동독 사회의 실상, 그리고 공식적인 통로로는 만날 수 없었던 보통 동독 사람들의 내면을 제대로 파악해야 한다는 필요와 반성에서 비밀 조사가 시작됐다. 분단 극복을 위해서라면 동독의 내밀한 변화를 감지할 수 있어야 한다는 것이었다.

현재까지 공개된 인프라테스트의 비밀 조사에서 가장 주목할 만한 자료는 동독 체제에 대한 동독 주민의 반응 조사다. 1970년부터 1989년까지 동독 체제에 대한 추종자, 비판자, 순응자를 나눠 조사한 자료에서 매년 조금씩 비율의 변화가 있었다. 특히 1989년 상반기에 는 전년보다 뚜렷이 추종자가 급감하고 반대자가 급증 했다.

베를린 장벽이 무너진 1989년 하반기 역시 비슷한 현상이 나타났다. 1988년과 1989년 상반기를 비교해 봐도 동독 사회가 이전과는 확연히 변했다는 것을 알 수 있다. 동독 체제에 대한 만족도 조사에서도 1988년부터 동독 체제가 나빠졌다는 응답이 급격히 늘기 시작했다. 시각적으로도 이전과는 변화의 속도가 확연히 다른 그래프가 나왔다.

인프라테스트는 동독을 방문한 서독 주민이 동독 주민과 대화했던 내용을 취합하는 대리조사 형태를 개발했다. 매년 약 1천2백 회 정도로 22년간 총 2만7천 회의 인터뷰 조사를 했다. 동서독 간 사안 및 동독 내부 문제에 대한 동독 주민의 인식이 주요 조사 내용이었다. 인프라테스트는 당시 동독 주민의 양면적인 성향을 활용했다. 동독 주민은 감시에 대한 우려로 서로 진심을 털어놓는데 매우 조심스러워했다. 그러나 주로 친척 관계여서 신뢰가 있었던 서독 방문객에게는 동독 당국의 지침과는 달리 내면을 드러내는 경향을 보였다

쾰러는 인터뷰에서 "동독 주민들의 80~90%는 서독에 대해 지속적으로 관심을 가진 반면, 서독 주민들은 15~20% 정도만 동독에 관심을 두고 있었다"면서 "동독에 관심을 둔 서독 사람들은 탈동독민이거나 동독에 친척이 있는 경우가 많았다"고 말했다.

동독에 대한 서독 주민들의 관심은 높지 않았지만 동서독 간 인적 교류는 장벽 붕괴 직전까지도 확대일로였다. 그렇게 1980년 대에 서로 수백만 명이 교류했는데도 통일 후 후유증이 상당했다. '갑작스러운 통일'이라고는 하지만 독일은 장벽 붕괴 이후 심각한 군사적 충돌이나 정치적 저항이 없었기에 통일 이전에 약 1년에 걸쳐 '전환기'라는 조정 기간을 가질 수 있었다.

통일에 대한 논의는 많지만 분단 중에 해놓은 대비는 부족한 우리 사회가 과연 이러한 특혜를 누릴 수 있을 것인가?

우리의 소원이 통일인지 아닌지는 어쩌면 결정적인 질문이 아닐 수도 있다. 통일은 그와 무관하게 불현듯 올 수 있기 때문이다. 북한 그리고 주변 강대국과의 관계 속에서 주로 이루어지던 통일 논의가 시민사회의 공론장으로도 확대돼야 하는 이유다. 각자 생각하는 이익과 손해에 대해 진지하게 논의하고 공유할 수 있는 논쟁의 공간이 필요하다. 싫어도, 아니 싫기 때문에 더 함께 이야기해야 한다는 것이 베를린, 독일이 말해주는 지혜다.

안네 쾰러

— 전 인프라테스트 설문조사 프로젝트 총책임자 —

"동독 주민 비밀 설문조사 내용,
그들을 이해하는 자료로 지금도 유용합니다"

안네 쾰러(2019년 4월 인터뷰 당시 86세)는
서독 정부의 비밀 의뢰로 여론조사기관 인프라테스트가
22년간 동독 주민을 설문조사한 프로젝트의 총책임자였다.
봉인돼 있던 이 프로젝트는 몇 년 전에서야 독일 사회에
조금씩 알려지기 시작했다.

●

**분단기 동서독 주민들 간 관계에 대한 연구와 기록들을 통일 이후 충분히
참고했다고 보는지요.**

"통일 후 서독 주민들이 동독 주민의 살아온 방식을 충분히 헤아리지 못한
채 성급하게 앞만 보고 나아간 게 실수였어요. 동독 사람들에 대한 이미지
는 뭉뚱그려져 있죠. 현재 불거지는 문제들은 이런 탓이 큽니다. 반대로 서
독의 자유민주주의에는 다양한 규칙과 함께 현실적인 단점들도 있는데 동
독 사람들은 서독의 높은 소비 수준과 자유로운 여행 등의 장점에만 주목
했지, 서독 사람들이 힘들게 노동을 하며 삶을 지탱하는 현실을 보지 못했
어요. 게다가 통일 이후 경제난에 직면한 동독 사람들은, 1980년대 후반 당
시의 심각한 경제난을 동독 당국의 언론통제 등에 의해 잘 알지 못했어요.
그 시절에 대해 좋았던 기억만 남아 있죠. 당시 소수의 저항세력들만 경제
난을 제대로 인지하고 있었습니다. 이렇듯 동서독 양쪽 모두에 실수가 있
었죠."

동서독 분단기에 서로에 대한 관심은 어느 정도였나요?

"동독 사람들의 80~90%는 서독에 대해 지속적으로 관심을 갖고 있었어요. 반면 서독 사람들은 15~20% 정도만 동독에 관심을 두고 있었죠. 동독에 관심을 가진 서독 사람들은 탈동독민이거나 동독에 친척이 있는 경우가 많았어요."

서독 정부가 인프라테스트에 비밀 조사를 의뢰한 1968년은 당시 보수적인 기독민주당·기독사회당 연합이 진보적인 사회민주당을 소수 파트너로 삼아 연립정부를 구성할 때였습니다. 비밀 조사를 하게 된 배경은 무엇인가요?

"연립정부에서 사회민주당 출신의 헤르베르트 베너 전독부(이후 내독부·한국의 통일부 격) 장관이 조사를 요청했어요. 서독 당국은 1961년 동서베를린 경계에 장벽이 쌓일 것을 예측하지 못했죠. 1953년 6월 동독의 노동자 봉기도 예측하지 못했던 일이었고요. 공식적인 동서독 교류로는 동독의 실상을 파악 할 수 없는 한계가 노출된 것입니다. 자신만만했던 서독 지도 부에서 동독을 제대로 알지 못한다는 자성의 움직임이 일어 났어요. 동독 주민을 상대로 한 비밀 설문조사는 이런 반성에서 비롯된 것이죠."

조사한 내용을 당국에 어떻게 보고했나요?

"조사 내용은 정기적으로 보고서로 만들어졌어요. 극도의 보안이 필요했던 만큼, 보고서는 5부만 만들어 총리실에 2부, 내독부에 2부, 서베를린 시 정부에 1부 전달했습니다."

이 조사가 다른 동독에 대한 정보와의 차별점은 무엇인가요?

"분단기 서독의 정치인이나 기관들이 동독 측과 접촉한 뒤 선별된 이미지를 가지고 돌아오는 경우가 많았어요. 그러나 인프라테스트의 조사는 동독 사람들에 대한 생각을 제대로 파악했죠. 비공식적인 민간교류를 통해서만 보이는 모습이 있다는 것을 깨닫게 해줬습니다."

5_ 베를린 소녀상을 북한 대사가 찾았다면

베를린 소녀상 논란에 한국 정부 개입 없는 게 당연

2020년 10월, 베를린에 세워진 일본군 위안부 피해자를 기리기 위한 '평화의 소녀상' 철거 논란을 한창 취재하던 시점이었다. 소녀상은 9월 말 관할 당국인 미테 구청의 허가를 받아 세워졌다. 그러나 설치 10일도 안 돼 미테 구청은 철거 명령을 내렸다. 일본 정부가 공식적으로 독일 정부와 베를린 당국을 상대로 소녀상 철거를 요구한 뒤였다. 미테 구청은 소녀상의 비문이 한국 측 입장에서 일본을 겨냥하고 있다고 지적하면서 "미테구가 한국과 일본 사이의 갈등을 일 으키고 일본에 반대하는 인상을 준다"고 철거 명령에 대한 이유를 밝혔다.

베를린 시민사회의 강한 반발이 이어지는 데 이어 시민단체에 의해 철거 명령에 대한 효력정지 가처분신청이 법원에 제출되자 미테 구청은 일단 반보 물러섰다. 철거 명령을 유보한 채 이해당사자들과 협의에 나서기로 했다. 소녀상을 설치한 한국 관련 독일 시민단체인 코리아협의회와 일본 측과 협의하겠다는 의사였다.

철거 명령이 유보된 날 저녁 우리 정부 당국자들과 만났다. 정부는 공식적으로 소녀상 문제에 개입하지 않는다는 입장을 보여 왔다. 일본군 위안부 피해자 문제 알리기와 소녀상 건립은 민간 차원의 일인데, 정부가 개입하면 한일 간의 외교분쟁 사안으로 번질 수 있다는 이유에서다. 일본은 소녀상 설치가 '반일 민족주의'에서 비롯됐다는 프레임을 해외에서 밀어 왔다. 일본군 위안부 문제가 한일 간의 오래된 민족적 대립이라는 주장을 펼치면서 해외 국가들을 설득해 소녀상 설치를 방해하려는 의도였다.

그런 상황에서 정부의 한 당국자가 사견으로 "주독 북한대사가 베를린 소녀상을 찾으면 도움이 되지 않을까"라는 말을 던졌다. 북한은 일본군 위안부 피해자 문제에 대해 사죄와 배상을 요구하며 우리와 비슷한 입장을 보여 왔다. 베를린 소녀상 철거 문제를 놓고서도 북한의 조선중앙통신은 "철면피한 추태"라며 일본의 소녀상 철거 압박을 비판했다. 그런데 다른 당국자는 신중한 반응을 보였다. 그렇게 되면 보편적 인권의 문제가 아닌 한일전의 틀로 변질될 수 있다는 인식이었다. 이외에도 한국 정부가 개입해야 한다는 유혹은 많았다.

해외에서 일본군 위안부 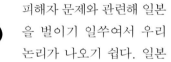 피해자 문제와 관련해 일본을 벌이기 일쑤여서 우리 측은 전방위적 로비와 압박 논리가 나오기 쉽다. 일본 정부도 나서야 한다는 대응 군 위안부 피해자를 위하고 소녀상을 보호하려는 마음에서 비롯된 것이기에 이해를 할 수도 있다. 2020년 10월 프랑크푸르트 총영사 국정감사에선 한 집권당 의원이 베를린 소녀상 문제로 총영사관을 강하게 질타하기도 했다. 그러나 역시 우리 정부가 개입하면 일본 측은 더욱 국가 간 역사적 분쟁으로 몰아갈 것이 뻔하다. 해외의 제3국이 관련 사안을 보편적, 인도적 차원이 아니라 외교적 사안으로 다룰 가능성이 커지는 셈이다.

이렇게 되면 제3국이 외교적으로 한일 간 중재 테이블을 만들려고 할 수 있다. 베를린 소녀상 철거 명령 논란에서도 이런 움직임이 일어나기도 했다. 연방하원의 녹색당 소속 한 의원이 정범구 주독 한국대사에게 한일 대사관 간의 중재 테이블을 만들 테니 함

베를린에서 열린 '평화의 소녀상' 지키기 집회.

께 논의해 보자고 비공식적으로 제안한 일이 있었다. 물론 정 대사는 이를 정중히 거절했다.

민족주의 넘어 보편주의로, 소녀상 '베를린 모델'

베를린 교민 및 시민사회는 소녀상 철거 명령의 철회를 요구하는 시위 등 캠페인을 펼치면서도 반일 구호를 외치지 않았다. 베를린 시민사회는 보편적 여성 인권에 대한 높은 감수성을 통해 미테 구청의 결정이 틀렸다는 점을 증명했다. 반일 민족주의, 한일전으로 흐르기 십상인 일본군 위안부 문제, 소녀상 설치 문제에 있어서 베를린 시민사회는 새로운 '베를린 모델'을 만들어 냈다. 이제 베를린에서 일본군 위안부 문제는 민족 간 문제가 아닌 보편적 인권 문제로 자리매김하고 있다. 남북한이 베를린에서 공식적으로 한 민족이라는 명분을 내세워 공동 전선을 적극적으로 펼쳤다면 일본 측은 무릎을 쳤을 수 있다. 독일 당국도 보편적 인권 문제가 아닌 외교적 분쟁이라며 철거에 무게를 실을 수 있었다. 독일 당국의 철거 명령에 부정적으로 반응한 미테구 의회도 한발 물러설 수 있었다. 일본 측은 미테구 의원들에게도 한일 간 외교 분쟁이라는 프레임으로 로비를 펼치고 있었다.

남북한이 평화롭게 공존하고 통일을 추구해야 한다는 근거에는 애초 하나의 민족, 공동체였다는 명분이 크게 작용한다. 베를린에서 남북한의 접근법 역시 한 민족에 기초한다. 박남영 주독 북한대사는 남북 관계가 급진전했던 지난 2018년 6월 베를린에서 열린 6.15 공동선언 기념행사에 참석해 축사하면서 민족을 여러 차례 강조했다. 그는 "내외 반통일 세력 도전이 아무리 악랄하고 주변 정세가 어떻게 변하든 우리 민족끼리 뜻과 힘을 합치면 북남 관계 개선과 조선반도의 평화번영을 위한 길을 힘있게 열어나갈 수 있을 것"이라고 했다.

독일 통일 전 동서독이 공존하며 끊임없이 접근할 수 있었던 데에는 역시 하나의 민족이라는 점이 컸다. 서독의 헌법 격인 기본법에는 동독의 영토와 시민은 서독에 속해 있다. 서독 정부는 이를 명분으로 주변국으로부터 무역 거래 등에 있어서 동서독 간의 특수성을 인정받았다.

그러나 서독은 통일을 추구하는 과정에서 민족주의의 그림자가 생기지 않도록 노력했다. 독일 제국, 나치 독일이 내세운 민족주의에 대한 경계심이 남아 있는 탓이다. 베를린 장벽이 무너진 뒤 서독은 더욱 유럽 연방주의를 내세웠다. 통일된 독일이 민족주의가 아닌 유럽 연방주의를 강화해 줄 것이라며 프랑스와 폴란드 등 주변국들을 설득했다.

현재도 독일에서 민족주의와 전체주의는 초록동색으로 받아들여진다. 독일 주요 지도자들은 독일이 점점 이민자 사회가 되어가고 있다는 점을 강조한다. 오늘날 독일 시민 4명 중 1명은 최소 부모 한쪽이 독일에서 출생하지 않은 이민자 출신이다. 무려 2천100만 명에 달한다. 독일 지도자들은 이런 사실을 수시로 강조한다. 독일 정부는 최근 2년간 24명의 전문가로 위원회를 구성해 독일 사회가 이민 사회라는 점을 어떻게 잘 내면화할 수 있을지 연구했다. 이 위원회는 앙겔라 메르켈 총리에게 '이민자 배경', '이주민 배경'이라는 용어 사용을 중단하라는 내용의 보고서를 제출했다. 이런 용어가 이들 가정을 규정하고 결정적 특징으로 인식할 수 있다는 지적을 반영했다. 그냥 '독일 시민'이라는 것이다. 이런 작업은 사회 통합의 차원에서 이루어졌다.

소녀상 설치 이전인 2015년, 베를린의 대표적인 가톨릭 성당 뒤편에 오스만 투르크의 아르메니아인 대학살 사건을 추념하는 위령비가 세워졌다. 오스만 투르크의 후신인 터키 출신 이민자가 독일에 상당히 많은 데도 말이다. 이는 베를린, 독일이 보편적 기억의 문화를 추구하고, 탈민족주의를 지향하고 있음을 보여준다.

다문화 사회 한국, 함께 어떻게 잘 살 수 있을까?

더디지만 한국도 조금씩 다 ● 문화 사회로 나아가고 있다. 한국인이 단일 민족이 아닐 수 있다는 인식이 조금씩 늘어난다. 더구나 하나의 민족이라고 해서 꼭 통일이 되어야 한다는 명제에 쉽게 동의하지 못하는 젊은 층도 늘어난다. 이러한 변화를 깊이 바라보면 오히려 새로운 가능성이 열릴 수 있다.

이제 하나의 민족이라는 점을 당위로 강요하는 시대는 지났다. '이 땅에서 어떻게 함께 잘 살 수 있을까'라는 단순하지만 보편적인 질문으로 풀어가야 할 때가 왔다. 모두에게 해당하는 문제로 파악하고, 모두를 위한 해결책을 찾는다면 느려도 확실한 답안이 나올 수 있다.

북한과 관련해 얽혀있는 '인도주의'와 '인권 문제' 간의 독특한 대립 구도도 포기하듯 놔둘 수 없는 노릇이다. 보편적인 견지에서 차분하게 공통분모를 찾아야 한다. 창조적인 아이디어가 뒷받침되어야 하는 것은 물론이다. 한국 사회 안에서 만들어진 패러다임을 벗어나 국제 사회를 설득할 수 있는 새로운 관점이 필요하다. 협소한 민족주의에 갇히지 않을수록 공감의 폭은 넓어질 것이다.

2021년 3월 8일 월요일은 세계 여성의 날이었다. 베를린은 독일 16개 연방주 가운데 유일하게 이날을 공휴일로 지정했다. 세계 여성의 날을 이틀 앞둔 3월 6일, 독일의 다양한 시민단체가 다시 베를린의 '평화의 소녀상' 앞에 모였다. 소녀상의 철거 명령 유예를 이끌어 낸 시민사회가 소녀상의 영구 설치까지 확정짓기 위해 다시 나섰다. 소녀상이 전시 여성의 인권침해에 대한 보편적인 상징이라는 점을 다시 독일 사회에 환기하는 자리였다. 한일간의 민족주의 감정 싸움으로 몰아가려는 일본의 각종 시도를 현명하게 돌파하려는 노력의 연장선상 이다. 이날 영구 존치를 외친 시민들은 머리색이 어떻든 모두 베를리너였다.

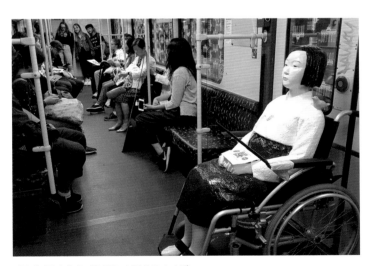

베를리너들과 함께 지하철을 탄 '평화의 소녀상'.

— 3부 —

한국이 몰랐던 서서갈등

1970년대 초 신동방정책을 놓고 '서서갈등'이 극으로 치달았다.
그러나 서독 사회는 갈등을 마주하며 조금씩
풀어가는 기술을 터득했다.

서독은 과감한 상상력을 용기 있게 실천했다.
창의적인 외교 전략으로 적들과도 손을 마주 잡았다.
진영을 막론하고 실리적 협상을 통해 동독과
교류·협력의 길을 더욱 열어젖혔다.

1_ "그러려면 동독에나 가", "북한에 살아봐"

우리나라 명절 밥상머리에서 대북 정책은 가정의 화목에 걸림돌이 되는 소재이기도 하다. 부모와 자식 세대 간, 형제 간, 친척 간에 차례 음식을 앞에 놓고 언쟁을 벌이는 집들이 꽤 있을 법하다. "그러려면 북한으로 가버려!"라는 말을 화난 친인척에게 들은 이도 있을 테다.

1960년대와 1970년대 초 서독에서도 마찬가지였다. 앞서 '분단기에 동독으로 탈주한 코로나 감염자' 편에 등장한 가상 인물 아르민 숄츠의 이야기는 기성세대와 젊은 세대의 가치관이 충돌하면서 발생한 68혁명을 배경으로 만들었다. 숄츠가 동베를린으로 건너가기 위해 물에 뛰어들었던 지점은 현재 연방의회 의사당이 자리 잡은 곳이다. 이제는 하나가 된 독일의 연방의회 상임위 건물과 국회도서관 사이로 예전처럼 슈프레강이 동서를 가르며 흐른다. 그 강변을 따라 흰색 십자가들이 나란히 서 있다. 서독으로 탈주하다 강을 건너던 중 총격으로 사망한 희생자들을 기리는 상징물이다. 베를린 장벽이 설치된 이후 10년이 지난 1971년 세워졌다. 현재 의원내각제 체제인독일의 심장부에서 희생자들을 추모하고 있는 것이다.

이렇게 동독 주민들이 서독으로 탈출하기 위해 목숨을 걸었던 반면, 서독에서 동독으로의 탈출은 어렵지 않았다. 분단기에 서독에서 동독으로 넘어간 이들은 60만 명이 넘는다. 서독 정부가 무리하게 막아서지 않았기 때문에 사실상 탈출보다 이주라는 말이 더 어울린다. 동독으로 넘어갔다가 적응하지 못하고 다시 서독으로 돌아오는 이들도 많았다. 이들에 대한 처벌도 없었다.

기성세대에 질린 청년세대, 동독으로 눈 돌리다

서독이 동독과의 체제 경쟁에서 일찌감치 승리했는데도 왜 일부 서독 시민들은 동독으로 넘어갔을까? 아마도 그들 중에는 기성세대와 젊은 세대의 가치관 충돌 속에서 동독으로 눈을 돌렸던 이들이 상당했을 터다. 1960년대와 1970년대 초반, 서독의 대동독 정책을 놓고 세대 간 갈등은 도저히 봉합이 불가능할 것 같은 상황이었다. 기성세대에게 동독은 타도의 대상이었다. 동독을 국가로 인정하지 않는 것은 서독 정부나 기성세대나 매한가지였다. 밖으로 절대 드러내지 않았지만 나치 시대의 악취를 그리워하는 이들도 있었다. 2차 세계대전 이후 폐허가 된 땅에서 일구던 '라인강의 기적'을 통해 기성세대들의 자기 확신은 더욱 강해졌다.

그러나 완고한 사회 분위기 속에서 청년들의 불만은 점점 커져갔다. 기존 질서에 대한 반감은 결국 68혁명으로 발산됐다. 베셀-테하른 연방 경제부 신연방주특임관실 담당관은 당시 기성세대에 불만을 품었던 자신의 10대 시절 이야기를 풀어놓았다.

"서독에 유행하는 기성층의 사고방식이 있었는데요. 젊은이나 학생들이 사회 현상에 대해 불만을 터뜨리면 '너 그런 식으로 생각할 거면 동독으로 가!'라고 했습니다. 동방정책이 성공하면 이런 구태의연한 사고방식은 살아남을 수 없을 거라고 생각했습니다."

68혁명 당시 대학생이었던 우베 슈멜터 독한협회 회장도 비슷한 경험을 전했다. 2018년 11월 베를린 윤이상 선생 자택에서 열린 '윤이상 구명 운동 50주년 기념 평화 토크 콘서트'에서 1960년대 서독의 사회상을 이야기하는 대목이었다.

"신동방정책이 추진되기 직전인 1967~1969년 당시 20대인 저희 세대와 부모 세대는 완전히 분열했습니다. 신동방정책에 대한 의견도 있었는데, 부모와 동독 이야기를 하다가 반론을 제기하면 '그러려면 동독으로 가든지'라는 반응을 보여 더 이상 이야기를 할 수 없었죠."

1960년대 중후반에 반전과 탈권위를 내세운 청년들이 거리로 쏟아져 나오는 것이 자연스러울 수밖에 없었다. 1967년 6월 2일 베노 오네조르크라는 학생이 서독 경찰관 칼 하인츠 쿠라스의 총격에 숨졌다. 쿠라스는 슈타지의 비밀요원이었다. 적어도 12~13년 간 슈타지의 비밀 요원으로 서독에서 활동해 온 인물이었다. 오네조르크의 사망에 학생들은 분노했고 시위는 더욱 확산했으며 격렬해졌다. 68혁명의 도화선을 동독 스파이가 당기는 아이러니한 상황이 전개된 것이다.

이후 쿠담 거리는 연일 시위대로 넘쳤다. 평화적인 시위도 열렸지만, 경찰이 쳐놓은 바리케이드를 넘어 돌이 쏟아지는 일도 부지기수였다. 당시 보수적인 미디어 그룹인 악셀 슈프링거는 시위에 대해 날을 바짝 세워 보도했다. 시위대는 베를린의 악셀 슈프링거 건물로 진격하기 일쑤였다.

2018년 12월 베를린의 '쿨투어브라우어라이'에서 열린 68혁명 사진 전시회는 당시 상황의 심각성을 여실히 보여줬다. 당시 사진기자로 활동하며 68혁명의 현장을 담아낸 루트비히 빈데어와 짐

라케테의 사진전이었다. 양조장에서 문화공간으로 탈바꿈한 전시관 앞에는 크리스마스 마켓이 열리고 있었다.

창문 밖의 반짝이는 형형색색의 불빛과는 대조적인 흑백 사진전이었다. 우산도 없이 서서 물대포에 맞서 항의하는 시민들의 모습이 회색빛으로 담겼다. 경찰에 끌려가는 청년, 얼굴에 선혈이 낭자한 청년의 사진 등이 당시 상황의 심각성을 여실히 보여줬다. 대학가 건물 내부 벽에는 구호가 가득 적혀 있었다.

학생들은 시대의 변화를 요구하는 구호를 외쳤지만 그것을 어떻게 실현할지까지 나아가지 못했다. 시민사회의 지지를 끌어내고 변화를 추동하기에는 역부족이었다. 68혁명에 참가했던 학생들의 일부는 실망한 채 기성세대의 틀에 편입되었고, 일부는 문화, 학술 영역에서 68혁명　　　　　의 정신을 이어가려는 노력을 계속 했다.

베를린에서 열린 68혁명
사진 전시회 포스터.

절망한 일부는 극좌인 적군파(RAF)로 변신했다. 폭탄 테러, 주요 인사들의 납치·살해, 항공기 납치 등의 활동을 벌이며 사회적 혼란을 야기했다. 우르줄라 폰데어라이엔 유럽연합(EU) 집행위원장도 젊은 시절 적군파의 표적이 되면서 가명으로 영국 유학길에 오르기도 했다. 아버지인 에른스트 알브레히트가 중도 우파 정치인으로 니더작센주 총리를 지내고 있던 탓이었다.

68혁명은 성공하지 못한 혁명의 시도였지만, 기존 질서에 균열을 내며 새로운 질서를 모색해야 한다는 사회적인 분위기를 형성하는 데 일조했다. 그러면서도 세대 간, 진영 간의 갈등을 여실히 드러나게 한 매개체였다. 이러한 갈등은 신동방정책이 추진되면서 정치적 갈등으로 노골화됐다. 그동안 한국에서 '통일 독일'이라는 주제를 수도 없이 다루   었지만, 지금까지 놓쳐 온 핵심적인 요소가 있다.

지금 평화롭게만 보이는   독일에도 폭력과 배제의 갈등으로 점철되었던 과거가 존재했다는 점이다. 서독에서 신동방정책의 추진을 놓고 극한의 대립이 벌어졌던 시기가 갈등이 조정되던 시기보다 짧았기 때문에 우리의 레이더망에서 뚜렷이 잡히지 않았다.

더구나 인터넷이 없었던 시대, 속으론 불만이 끓더라도 밖으로는 건조한 모습을 보이는 독일의 사회적 특성 탓에 우리에게 도드라지게 보이지 않았을 수도 있다. 신동방정책이 추진되던 과정보다 결과에 초점을 맞춰온 관행도 서서갈등의 요소를 간과하게 만들었다. 성공한 통일의 역사를 만들어낸 현실 독일의 입장에서도 서서갈등은 그리 조명할 필요가 없는 과거이기도 했다.

'동독으로 가야만' 보였던 분단 현실

분단기 서독에서 동독을 놓고 벌어졌던 세대 간의 벽은 어떻게 허물어졌을까? 그 실마리 중 하나를 베셀-테하른 담당관과의 인터뷰에서 발견했다. 그는 24세가 되던 1983년 처음으로 동베를린을 방문했다. 신동방정책으로 일반 시민도 동독에 관광을 갈 수 있던 때였다. 그는 자신과 별반 다르지 않은 평범한 동독 사람들을 보게 됐다. 동독의 문제를 스스로 느끼고 판단할 수 있는 기회가 되기도 했다.

"백화점에 계산기가 주요 품목으로 진열돼 있었는데 가격표에 400마르크라고 붙어 있더군요. 당시 서독에서는 주요 전자제품을 살 때 계산기를 서비스로 줬던 시절이었죠. 또, 서독 백화점에는 컬러텔레비전의 등장으 ● 로 흑백텔레비전은 자취를 감췄는데 동독에선 7천 마 르크의 가격을 달고 전시돼 있었어요."

신동방정책의 결과물로 서독 사회는 장벽 너머의 동독 사회를 현실감 있는 공간으로 인식하게 됐다. 동독에 대한 지나친 악마화도, 어긋난 이상화도 점점 인정을 받지 못하게 됐다. 보통 사람들이 정상적으로 동독을 방문하고 각자의 경험이 쌓일수록, 동독에 대한 서독 사회의 인식이 바뀌었다. 동독을 놓고 벌어지는 세대 간 극단적인 대립도 점점 완화되어 갔다.

베셀-테하른 담당관은 이후 서독에서 변호사로 활동하다 현재 독일 연방정부에서 신연방주라 불리는 옛 동독 지역을 담당하고 있다. 사무실도 옛 동베를린 지역이다. '그러려면 동독으로 가'라던 기성세대의 말이 동서독간 관계 정상화와 맞물려 역설적인 방식으로 실현된 셈이다.

2_ 서서갈등 속 내딛은 '작은 발걸음'

베를린의 라인강 호프집에 브란트가 주인공인 이유는?

베를린 중심부 슈프레 강가의 한 레스토랑에는 독일 현대 정치사를 이끈 거인들의 모습을 만나볼 수 있다. 프리드리히슈트라세 역 인근의 '슈탄디게 페어트레퉁'이라는 곳으로 상주대표부라는 의미다. 이곳의 벽면은 심상치 않다. 담배를 문 빌리 브란트 서독 총리의 사진 등 2차 세계대전 후 독일 정치인들의 사진이 빼곡히 걸려 있다.

베를린 신공항에도 생긴 슈탄디게 페어트레퉁 분점의 '추억의 정치인들' 사진.

144

애초 이 레스토랑은 옛 서독의 수도인 본에 있었다. 본에 있을 때만 해도 상호는 '슈만-클라우제'였다. 1970년에 개업한 슈만-클라우제는 서독의 정치 중심지인 본에서 정치인과 언론인들의 사랑방이었다. 회담장에서 치열한 난상 토론을 한 뒤 이곳에서 2차전을 벌였다. 물론 인근 지역에서 생산한 쾰쉬 생맥주를 마시며 회포도 풀었다. 문전성시를 이루던 이 레스토랑은 통일 후 새 수도가 된 베를린으로 이전했다. 연방의회와 총리실 등 주요 정부기관, 정치인들이 베를린으로 옮겨가면서 따라간 셈이다.

레스토랑을 옮기기까지 우여곡절이 많았다. 갑작스러운 통일과 함께 본에서 베를린으로 수도를 이전하는 논의가 본격화되자 본 시민들 사이에서는 반대 여론이 일었다.

'본에 찬성표를! 수도 이 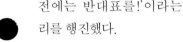전에는 반대표를!'이라는 표어를 내걸고 시민들은 거리를 행진했다.

레스토랑의 공동 창업자 프리델 드라우츠부르크는 반대 운동의 선봉에 섰지만 통일 후 사회 통합의 명분을 이겨낼 수 없었다. 수도 이전이 완료되기 전인 1997년에 슈탠디게 페어트레퉁 레스토랑은 베를린으로 자리를 옮겼다. 그런데 레스토랑의 상호를 왜 굳이 '상주대표부'로 바꾸었을까? 새 수도에서도 정치(음주)문화를 대표하겠다는 결기가 느껴지지만, 무엇보다 새 상호에서 동서독이 기본조약에 의거해 1974년 상호 설치한 상주대표부가 자연스럽게 연상된다. 상주대표부는 빌리 브란트 총리가 추진했던 신동방정책의 구체적인 결실이었다.

오래전 분단의 기억과 통일 초기의 기억은 이렇게 '슈탠디게 페어트레퉁'에 모이게 됐다. 지금 이곳은 라인 강변의 맥주와 음식을 슈프레 강변에서 즐기려는 관광객들과 현지 시민들의 사랑

방이 됐다. 취중진담을 나누던 정치인들 무리는 이제 찾아보기 어렵다. 대신 사진 속에서 분단기 서독의 대표적인 정치인들이 치열하게 논쟁을 이어가는 것만 같다. 가장 눈에 띄는 인물은 물론 브란트 총리이다. 왜 브란트일까. 그만큼 서독 정치사에서 상징적인 인물이기 때문이다. 브란트는 극한 대립의 주체였다가 어느 순간 타협을 위해 손을 내밀었다.

신동방정책 반대파의 브란트 총리 불신임 시도

중도진보 성향인 사회민주당의 대표적 정치인이던 브란트는 기독민주당 정권이 동서독 간 　　　　 문제를 효과적으로 풀어가

베를린 '눈물의 궁전'에 전시된 분단기 이산가족상봉 사진을 보는 시민.

지 못하면서 부상했다. 1950~1960년대 당시 동서독은 끊임없이 긴장이 고조되는 상황이었다. 냉전 시대에 서독이 서방의 최전선 이라는 점은 시민들을 불안하게 했다. 폐허만 남긴 2차 세계대전 의 트라우마로 전쟁 재발에 대한 공포가 컸다.

1961년 건설된 베를린 장벽은 이런 국면의 절정이었다. 서독 정부의 대동독 정책에 대해 의구심을 품는 시민이 늘어났다. 동 독 정권에 대한 서독 시민의 불신은 여전했지만 분단이 굳어지는 현실에 대한 불만도 커졌다. 분단 직후에는 동서독 간에 어느 정 도 왕래가 가능했었는데, 관계가 악화하면서 교류도 뜸해졌다. 그 부작용은 당장 이산가족들이 체감하게 됐다. 서베를린에 대한 봉 쇄 위협도 눈앞의 과제였다. 동독을 국가로 인정하지 않는 서독의 할슈타인 원칙이 점점 힘을　　　　잃었다. 적대적인 대치보다

첫 동서독 정상회담이 열렸던 에어푸르트 호텔 레스토랑에 걸려 있는 당시 회담 사진들.

평화에 대한 염원이 자연스럽게 커졌다.

서독 시민들의 시선은 자연스럽게 통일 이상론에서 공존을 위한 현실론으로 옮겨갔다. 브란트는 총리가 되기 전부터 동서 대치 상황을 타개할 해법을 적극적으로 찾으려 한 대표적인 정치인이었다. 1961년 베를린 장벽 건설 당시 서베를린 시장인 브란트는 끊어진 동베를린과의 교류를 복원하려고 끊임없이 노력했다. 특히 이산가족 상봉을 적극적으로 추진했지만 서독 정부의 부정적인 반응이 걸림돌이었다.

1963년 10월 콘라트 아데나워에 이어 루트비히 에르하르트가 총리직에 오르면서 숨통이 트였다. 브란트는 동베를린과 통행증 협정에 나섰다. 같은 해 12월 19일부터 이듬해 1월 5일까지 서베를린의 시민이 장벽 건설 이후 최초로 동베를린을 방문할 수 있게 됐다. 이 기간 ● 에 서베를린 시민의 3분의 1에 달하는 70만 명 정도가 동베를린을 찾았다.

이후 동서 베를린 간 통행증 협정이 추가로 이뤄졌다. 철벽같던 베를린 장벽에 조금씩 금이 가기 시작했다. 대립의 정치에 대한 서독 시민의 회의감이 통행증 협정을 성사시킨 원동력이었다. 나아가 서독 시민들은 1969년 총선에서 기독민주당에 등을 돌렸다. 같은 해 10월 브란트는 사회민주당 주도 하에 자유민주당이 참여한 연립정부에서 총리로 선출됐다. 브란트 총리는 취임 첫 국정 연설에서 동독과의 관계 개선에 대한 의지를 밝혔다. 사실상 신동방정책의 시작이었다.

브란트 총리는 동독과의 협상에 앞서 소련에 먼저 다가섰다. 동독은 사실상 소련의 위성국이었다. 서독과 소련의 관계가 정상화되면 동독도 서독과의 협상장에 떠밀려서라도 나올 수밖에 없었다. 서독은 소련에 공을 들인 끝에 모스크바 조약을 체결했다. 상호 무력행위 금지와 국경 문제 해결 등이 주요 내용이다. 서독의 보수진영은 모스크바 조약 체결에 반대했다. 특히 오데르-나이세강 동부지역인 슐레지엔을 폴란드 영토로 인정하는 조항을 놓고 반발이 컸다. 독일이 2차 세계대전에서 패전한 후 슐레지엔은 폴란드로 넘어갔다. 삶의 터전을 뒤로하고 서독지역으로 반강제적으로 이주할 수밖에 없었던 슐레지엔 실향민들도 격앙된 반응을 보였다.

특히 서독 내 보수와 진보진영 간의 갈등은 1972년 12월 동서독 간 교류·협력을 위한 기본조약의 체결을 앞두고 극으로 치달았다. 신동방정책의 추진 주체인 집권세력 내에서도 반발이 일었다. 사회민주당과 자유민주 당에서 1969~1972년 사이에 탈당한 의원만 해도 열 명에 달했다. 브란트는 총리직까지 위협받았다. 중도 보수 야당은 브란트 총리에 대한 불신임을 밀어붙였다. 1972년 4월 27일 불신임결의안에 대한 찬반 투표를 앞두고 브란트 총리의 낙마가 유력시됐다. 야당의 의원수가 더 많았다. 그런데 결과는 반대로 나왔다. 브란트 총리는 신동방정책의 결실을 보지 못한 채 퇴진할 뻔했다가 구사일생으로 총리직을 유지하게 됐다.

투표 결과는 서독 정계의 수수께끼였다. 한참 시간이 흐른 후에야 이유가 드러났다. 슈타지에 포섭된 야당 의원들이 불신임 반대에 표를 던졌다.

기본조약 합헌 속 야당도 존중한 '판결의 예술'

야당인 기독사회당은 불신임안 가결 실패에도 멈추지 않고 연방 헌법재판소에 기본조약 체결 무효화를 위한 헌법소원을 제기했다. 민족 통일과 동독인의 인권 관련 내용이 포함되지 않아 헌법 격인 기본권의 가치를 위반했다는 논리였다.

헌법재판소는 1973년 7월 31일 판결에서 정부의 손을 들어줬다. 기본조약이 헌법 격인 기본법 전문의 통일 명제에 위배되지 않는다고 판결했다. 기본조약을 둘러싼 극심한 대치 상황이 풀리게 되는 순간이었다.

야당의 일방적인 패배는 아니었다. 헌법재판소의 결정문에 야당의 주장도 존중하는 내용을 담아 갈등의 확산을 막는 '판결의 예술'을 보여줬다. 동독 시민에게 서독 시민과 같은 권리가 있음을 재확인하고, 서독으로 탈주하는 동독인에 대한 동독군의 사격이 근절되도록 서독 정부가 노력해야 한다고 명확히 주문한 것이다.

일간 프랑크푸르터알게마이네차이퉁은 판결 다음 날 기사에서 "야당의 패배라고 보기 힘들다"라며 "서독 정부가 동독과의 협상에서 취할 수 있는 행동반경을 설정해놓은 것"이라고 평가했다. 동독 인권 문제 등에 대해 상호주의를 이전보다 강조할 수밖에 없게 된 셈이었다.

이는 훗날 보수 진영이 다시 정권을 잡은 뒤 동독과의 관계 개선을 향해 '작은 발걸음'(kleine Schritte)을 이어가게 한 원동력이 됐다.

신동방정책에 꾸준히 지지보낸 서독 시민들

서독 시민은 기본조약이 체결되기 직전인 1972년 11월 총선에서 다시 사회민주당의 집권을 허락했다. 신동방정책을 계속 추진하라는 의미이기도 했다. 여론조사기관 알렌스바흐가 총선 직후 2천 명을 대상으로 실시한 조사 결과는 이런 서독 시민의 의중을 보여준다.

연립정부를 구성하던 사회민주당과 자유민주당에 표를 던진 유권자 가운데 '기본조약을 체결했기 때문에 투표했다'는 응답이 44%에 달했다. 이들 유권자 가운데 70%는 '동독 지역과의 화해와 긴장 완화 과정이 진행되기를 원했다'고 답했다. 기독민주당·기독사회당 연합에 투표한 유권자 가운데서도 '브란트 정부의 신동방정책의 지나친 양보 경향에 반대했다'는 답변은 33%에 불과했다. 신동방정책의 추진 초반에 의구심을 품고 동구권에 대해 적대적인 경향을 보였던 보수적 성향의 유권자들마저도 동독과의 평화·공존에 대다수가 공감대를 형성한 것이다.

이후 진보정권에서 다시 보수정권으로 정권교체가 이루어진 이후에도 신동방정책이 일관되게 이어지고 서서갈등이 관리된 데에는 이런 민심이 뒷받침돼 있다. 더구나 서독의 여론은 동독 지원에 대해 일대일 상호주의를 요구하지 않았지만, 평화 공존의 정착뿐만 아니라 교류 확대 조치 등을 통한 직접적인 편익에 대한 요구도 컸다.

1972년 2월 알렌스바흐의 여론조사 결과, '서베를린 거주자들이 여타 서독 국민들과 똑같이 동베를린으로의 여행 권리를 가져야 한다'는 설문에서 응답자의 88%가 '꼭 해야 한다'고 답했다. '동독인이 서독으로의 여행 권리를 가져야 한다'는 항목에도 83%가 '꼭 해야 한다'고 반응했다. 이산가족뿐만 아니라 많은 서독 시민이 동독 여행 등 상호 인적 교류의 확대를 원했던 것이다.

동독 내 섬처럼 고립된 서베를린과 연결되는 고속도로를 확장하기 위해 서독이 동독에 막대한 공사 재원을 지급하는 것을 놓고 서독 내에서 불만이 터져 나왔다. 그러나 고속도로 인근에는 동독 거주자가 많지 않았다. 사실상 동독을 관통하는 고속도로의 주요 이용자가 서독 시민일 것으로 예상되는 상황이었다. 서베를린 시민들의 고립감도 줄어들 수 있었다.

이런 점을 통해 서독 정부는 동독 지원에 불만을 제기한 시민들을 설득할 수 있었다. 이후 1980년대 초중반 서독이 동독에 차관을 제공하는 결정을 내릴 때도 그에 대한 상응 조치로 동독으로의 여행 편의가 확대됐다.

서독 시민들은 인도주의적 측면에서도 동독과 교류·협력을 확대하기를 원했다. 알렌스바흐 여론조사에서 '베를린 장벽과 동독 경계에서 탈동독 주민에 대한 사격이 중지돼야 한다'는 설문에 응답자의 85%가 '꼭 해야 한다'고 답했다.

서독이 동독에 차관을 제공하는 데 대한 반대급부로 국경 지역에서 탈동독 주민을 겨냥한 무인자동화기(SM-70)의 철거 등을 얻어낸 데에는 이 같은 시민들의 여론이 반영된 셈이다.

간첩이 구해준 브란트, 간첩 탓에 낙마하다

브란트 총리는 신동방정책을 추진하는 과정에서 숱한 우여곡절을 겪었지만 이를 극복해 나가면서 입지가 더욱 탄탄해졌다. 그러나 브란트 총리는 결국 동독의 간첩에 발목이 잡혔다. 개인 비서였던 귄터 귀욤이 슈타지의 간첩으로 드러나 1974년 4월 체포된 것이다.

브란트 총리도 책임론에 휩싸여 총리직에서 물러날 수밖에 없었다. 하지만 이 스캔들이 브란트 총리가 추진했던 신동방정책에 대한 사회적 지지까지 흔들 수 없었다.

같은 사회민주당 소속의 헬무트 슈미트가 새 연방총리가 되어 1974년부터 1982년까지 신동방정책을 이어갔다. 동서독 교류·협력의 열매가 이제 서독 시민의 일상에서 체감되는 단계로 접어들고 있었다.

이 시기를 전후한 알렌스바흐 연구소의 여론조사도 이와 비슷한 결과를 보여준다. '서독 정부가 집중해 해결해야 할 가장 중요한 문제가 무엇이냐'는 질문에 1968년 1월에는 신동방정책을 꼽는 응답자가 4%에 불과했으나 매년 점진적으로 증가해 1972년 5월에는 23%에 달했다. '평화유지'라고 꼽은 응답은 1968년 1월 13%였다가 1972년 5월 5%로 줄어들었다. 서독 시민의 목소리를 들으며 점진적인 변화를 꾀했던 현실주의는 군사적 긴장 완화라는 이상적 결과까지 선물로 주었다.

게르하르트 슈뢰더

— 전 독일 총리 —

**"흑백논리를 벗어나 남북한 간의 작은 발걸음이
지속되어야 실용적인 관계 발전이 가능합니다"**

게르하르트 슈뢰더 전 독일 총리는
1998년 10월부터 2005년 11월까지 총리직을 역임한
독일 정치사의 '거인'이다. 진보정당 소속으로
실용적 정치를 펼쳤고, '승부사'로 평가받는다.
2019년 11월 베를린에서 그를 만났다.

●

**서독 내 정파, 정당, 진영 간 갈등에도 동서독 교류·협력을 꾸준히 추진할
수 있었던 원동력은 무엇입니까?**

"서독에서는 오데르-나이세 강 동부 지역을 폴란드 영토로 인정하느냐는
문제를 놓고 엄청난 갈등이 있었습니다. 1970년대 야당인 기독민주당은
오데르-나이세 경계를 인정하지 않았죠. 그런데 사회민주당 소속의 빌리
브란트 총리는 본격적으로 대동독 정책을 펼치기 전에 소련, 폴란드와의
화해를 추진했어요. 국경 문제를 놓고 사회민주당과 기독민주당 간에 격렬
한 갈등이 있었습니다. 이러한 극심한 갈등을 어떻게 극복했는가를 들여다
보는 게 한국으로서는 중요합니다. 사회민주당 소속의 헬무트 슈미트 총리
다음으로 기독민주당의 헬무트 콜이 총리직에 오른 뒤에도 신동방정책을
계승했습니다.

이 때문에 교류·협력이 계속됐고 미하일 고르바초프 소련 서기장과의 협
상에서 통일을 승인받을 수 있었던 것이죠. 조지 허버트 부시 미국 대통령

으로부터도 지원을 받아 결국 통일을 이룰 수 있게 되었습니다. 또한 통일을 가능하게 한 국제적인 협상이 성공적으로 될 수 있었던 것은 당시 옛 동독 시민이 통일을 위해 혁명적이라고 할 만큼 엄청난 노력을 했기 때문이에요. 이러한 역사적인 사실로부터 얻을 수 있는 교훈은 여야 간 갈등이 있을 때 여당은 합리적으로 해결하려는 노력을 해야 하고, 야당도 이런 대화 구조 속에 있어야 정권이 교체되더라도 합리적으로 정책이 계승될 수 있다는 것입니다. 물론 지금 한국의 상황에 당시 서독의 방식이 적용될 수 있을지는 판단할 수 없습니다."

슈뢰더 전 총리에 대해선 이상만을 쫓는 진보주의자가 아니라 현실주의자라는 말이 있는데요. 그래서 노동시장 개혁 정책인 하르츠 개혁을 이뤄냈다는 평가도 나옵니다. 브란트 전 총리도 이상주의자인 듯 하지만 철저한 현실주의에 입각했던 것 같은데 어떻게 생각하십니까?

"당시 사회민주당은 비전을 제시하면서도 동시에 책임감 있고 현실감 있는 정치를 하기 위해 노력했습니다. 한편으로는 비전, 다른 한편으로는 실용성을 구현하려고 한 것이죠. 비전과 실용주의의 균형이 중요했어요. 민주주의 국가는 경제적 경쟁력을 확보하기 위해 노력해야 합니다. 정치적으로는 평화로운 발전이 이뤄질 수 있도록 하는 게 중요한 것이죠. 비전을 현실에서 실현하는 것이 불가능하다고 도식적으로 생각하면 안 됩니다. 브란트와 슈미트, 그리고 나 역시 비전을 내세우되 실용적으로 구체적인 결과물을 얻었습니다. 하르츠 개혁도 이런 것으로 이해할 수 있습니다. 독일어에 '꿈을 꿀 용기를 가진 사람만이 행동할 힘이 있다'라는 말이 있습니다. 다시 강조하지만 비전과 실용에서 중간을 찾아야 합니다."

한반도 상황과 비교했을 때 분단기 독일에는 몇 가지 다른 점이 있습니다. 진영 간 '서서갈등' 속에서도 최소한의 합의점을 찾아 정권교체 이후에도 신동방정책을 이어가도록 했던 사회적 경험의 축적, 그리고 의원내각제 및

다당제에 적합한 선거제도가 그런 것 같습니다.

"질문한 부분들이 독일 통일에 아주 큰 역할을 했다고 봅니다. 통일이라는 목표에 대해선 정치권에서 논란의 여지가 없었습니다. 그러나 구체적인 실천 방법에서 논란이 있었습니다. 슈미트의 사회민주당에서 콜의 기독민주당으로 정권이 교체되면서도 신동방정책이 이어졌을 때 콜이 '이전에 내가 잘못 생각했어'라며 변신한 게 아닙니다.

당시 기독민주당의 연정 파트너는 이전의 사회민주당의 파트너인 (친기업 성향의) 자유민주당이었습니다. 자유민주당은 신동방정책을 이어가려 했습니다. 직선으로 대통령을 선출하는 한국의 5년 단임제에서는 정책을 실천으로 옮기고 연속성을 가져가는 데 시간이 부족할 수밖에 없다는 생각이 듭니다. 이런 정치체제에서는 야당이 정부·여당과의 공통점보다는 반대의 특성을 더 강조할 것 같습니다. 정치적으로 흑백논리가 앞서게 되면 더욱 대북정책의 지속성을 담보　　　　　　　하기 어렵게 됩니다. 흑백논리의 사고방식은 국가에 상당히　　　　　　위험요소입니다."

대북정책을 둘러싼 '남남갈등'　　　　　　에 대해 조언해 줄 부분은 무엇이신지요?

"남측의 정당들 간에 '통일'이라는 대의 명제에 기본적으로 합의가 돼 있고, 단지 정책의 실행 속도와 우선순위 등 세부적인 실행 방안에서 논란이 있는 것이라면 대화를 통해 갈등을 극복할 기회가 있다고 봅니다. 그러나 통일이라는 것에 접근하는 프로세스 자체가 서로 다르다면 매우 어려울 수 있습니다.

이 지점에서 인터뷰 초반에 이야기한 비전과 실용에 대해 다시 강조하겠습니다. 비전은 '통일'이고 실용은 남북한 간 관계에서 '작은 발걸음'입니다. 남북 정상 간의 회담이 '작은 발걸음', 실용입니다. 이런 실용적인 발걸음이 계속되었으면 합니다. 물론 실용이라는 것을 추구하는 것 자체가 굉장히 어려운 일입니다."

한국의 젊은 층은 통일에 관심이 점점 멀어지고 있습니다.

"한국의 젊은 세대가 만일 통일에 관심이 없고 오히려 반대한다면 원인이 있을 텐데, 가장 큰 것은 두려움이 아닐까 합니다. 부모 세대는 급속히 성장하는 사회를 겪었는데 아이들은 그러한 성장 신화의 환경과는 거리가 멉니다. 현재 청년들은 부모 세대보다 더 교육을 받았는데도 일자리를 찾기 어렵습니다. 특히 한국의 교육은 굉장히 팍팍하기로 유명하지 않습니까. 이런 상황은 정치적으로 굉장히 위험합니다. 옛 동독 지역 일부 시민들이 난민에 대해 느끼는 것처럼, 젊은 층은 통일이 됐을 때 '내 것을 나눠야 하는가'라는 두려움이 있는 거예요. 젊은 세대가 미래에 대해 희망을 가지도록 하는 게 급선무입니다."

베를린 '악마의 산'에 있는 미군의 옛 감청시설. 현재 젊은이들의 그라피티 공간으로 탈바꿈했다.

3_ 동독 '2등 시민'론에 대한 한국의 오해

한국에서 독일 통일에 대해 '돋보기'를 들이댈 때가 있다. 주로 정권이 바뀐 뒤다. 한국의 정상들은 베를린을 방문해 한반도 통일 및 평화 관련 정책 구상을 발표하곤 한다. 또, 한국 사회는 한반도에 평화 분위기가 조성되면 독일 통일 사례로 고개를 돌려보곤 한다. 베를린 장벽 붕괴 기념일 등 독일 통일과 관련한 주요 일정이 있을 때도 그렇다. 분단의 질곡에 빠져 있는 한반도에 통일 독일이 유일한 분단 관리 및 통일의 참고사례이기 때문이다.

이러한 움직임에는 유행도 있다. 정권의 지향점에 따라 달라지기도 하고 독일 사회의 변화를 반영하기도 한다.

20~30년 전에는 동서독 분단기와 통일 과정에 대한 연구가 많았다. 이후 통일 과정에 대한 연구는 업데이트되고 있으나, 분단기에 대한 연구는 현실 사례와 비교 연구를 하기 어려울 정도로 오래됐거나 드물다는 점을 알 수 있었다. 더구나 분단기의 연구는 서독 내 진보와 보수 간의 정치적 갈등 구조 등 민감한 사안에 대해서는 대체로 비껴갔다. 독일 통일의 핵심인 갈등 관리 부분이 빠진 것이다. 당시 시민사회의 모습 역시 간과됐다.

동독 지역의 '2등 시민'론은 과연 진실일까?

최근 한국 미디어는 동독 지역의 '2등 시민'론에 주목하는 경향이 있다. 최근 몇년 간 상당수의 유럽 국가들이 겪는 것처럼 독일도 거대 정당 퇴조 및 극우세력 부상의 위기 속에서 허우적거린다는 게 한국 사회의 일반적인 인식이다. 이런 현상을 통일 후유증으로 치부하기도 한다. 특히 동독 출신 시민들의 서운함과 극우 세력 부상에 초점을 맞추는 경우가 많다. 물리적 장벽이 무너진 것과 달리, 아직 남아있는 '마음의 장벽' 문제를 심각하게 바라보는 시각이다.

독일 사회에서 '2등 시민'론이 점점 문제시되는 것은 사실이다. 통일 당시 동독의 중년층들은 동독 지역 기업들이 무너지면서 대량 해고의 아픔을 맛봤다. 동독 지역 대학에서 상당수의 교수들이 쫓겨났다. 일부 지역은 비밀경찰 출신을 철저히 색출해 불이익을 줬다. 동독 체제의 엘리트 계층 가운데 불만을 품어온 이들이 적지 않을 수 있는 대목이다. 여기에 당시 청년층도 일자리 선택 및 삶의 방향을 놓고 큰 혼란을 겪곤 했다. 누적된 불만은 2015년 난민의 대량 유입 이후 반 난민 정서와 결합하기도 했다.

동독 지역은 농촌이 많아 외국인을 접할 기회가 많지 않다. 그러다 보니 막연하게 난민, 외국인에 대한 공포감이 조장되는 경향이 생겼다. 난민의 사회적 통합 작업에서 부작용이 나타나는 틈을 타 극우세력이 반 난민정서를 부추기기도 했다. 극우 성향 정당인 '독일을 위한 대안'(AfD)이 지난 2017년 총선에서 제3당으로 연방 의회에 입성할 수 있었던 데에는 이런 배경이 있다. 총선 이후 여러 지방선거에서 AfD는 상당히 선전하며 기성 정치권과 시민사회를 긴장케 했다.

그러나 통일 이후 태어난 세대는 '2등 시민'에 대한 인식이 크지 않다. 서독 시절부터 탄탄하게 다져온 정치교육을 받은 젊은 세대는 동독 지역 시민사회가 성장하는 원동력이 되고 있다. 이들은 성장 과정에서 경제적 결핍도 크게 겪지 않았다. 물론 부모 세대의 경제적 격차에 따른 상대적 박탈감이 자녀 세대로 이어져 내려오기도 한다. 또한 통일 당시 노인층도 응어리가 크지 않다. 당시 이들은 서독의 연금제도를 그대로 적용받아 통일 전보다 경제적으로 여유로웠다.

2019년까지만 해도 기세등등하던 AfD도 점점 위축되고 있다. 최고 20%까지 육박했던 AfD의 지지율은 2020년 들어 하락세로 돌아섰다. 2021년 1월에는 10%로 간신히 두 자릿수를 유지했다. 강고하던 동독 지역에서도 지지층의 이반 현상이 나타나고 있다. 코로나19 사태 속에서 기성 정당들이 실력 발휘를 하고 있다. AfD 정치인들은 잇따른 반인륜적인 언사로 본색을 더욱 드러내고 있다. 난민의 사회통합 문제도 점차 개선되고 있다. 유입되는 난민 수도 최근 몇 년간 계속 줄었다. 더구나 사회적으로 최대 의제가 난민에서 기후 위기로 빠르게 이동하고 있다.

극우세력에 대한 견제 심리가 더 커진 독일 사회

사회적으로 극우세력에 대한 견제 심리가 더 커지기도 했다. 동독 지역 라이프치히에 거주하는 1990년생 여성 티나 아른트의 이야기를 들어보면 젊은 층의 심리를 엿볼 수 있다. 아른트는 2020년 10월 공영방송 ARD에서 방송된 '우리는 동독인'이라는 프로그램

2018년 8월 옛 동독 지역 켐니츠에서 열린 극우주의자들의 난민 반대 시위. ⓒ 연합뉴스

에서 "통일 전환기에 자신을 패자라고 인식했던 많은 사람들이 무언가 달라져야 한다고 생각하다가 권위주의 정당을 선택하기도 한다"면서도 "정치의 동기가 '증오'에 근거한 사람들에게 권력을 주는 것은 정당화할 수 없다"고 지적했다.

독일 사회에서 '2등 시민'의 문제는 극복을 위한 여러 노력을 고려할 때 시간이 지나면 점차 해결될 것이라는 인식이 있다. 고위직 진출 비율 등에서 나타나는 동서 출신 간의 사회적 자본 차이도 마찬가지다.

독일 연방정부 특임관인 롤란트 얀 슈타지문서기록소 소장과의 인터뷰에서도 이런 인식이 나타났다.

"권위주의 체제를 오래 경험한 동독 지역은 역동적인 시민사회의 경험과 인식이 부족하다. 시민사회의 역량은 하루 이틀 사이에 생기지 않는다"면서 "현재 역동적인 민주주의를 위해 많은 시민의 용기가 필요하다"고 말한다.

2020년 10월 당시 독일 마부르크대 정치학 박사 출신인 정범구 주독 한국대사도 필자들에게 이런 말을 했다.

"AfD는 반대, 불만 정당이라 코로나19 사태 속에서 적극적인 해결 능력을 보여주지 못했죠. 서독 지역이긴 하지만 올해 노르트라인-베스트팔렌주 선거에서도 AfD의 존재감이 없어지지 않았나요. 두고 봐야 할 문제지만   많은 독일 정치인은 시간이 지나면 해결될 것으로 보 ● 고 있습니다."

독일 사회는 여러 도전   에 굴복하지 않고 응전하고 있다. 그런데 왜 한국 사회는 독일 사회를 위기로만 바라보는 데 그칠까?

한국 사회는 극우세력이 집권한 일부 유럽 국가들과 달리 독일에서 극우세력의 기세가 꺾인 이유에 대해서는 고찰하지 않는다. 또한 한국 사회는 동서 간 존재하는 임금과 연금 등의 경제적 격차를 자주 예로 들면서, 그 차이를 점차 줄여나가고 있는 긍정적 측면도 주목을 덜한다. 대신 아직 차이가 남아 있는 부분만 들춰내 문제점을 찾아내려 한다. 남아 있는 문제점보다 긍정적인 요소에서 얻을 수 있는 시사점이 큰데도 말이다.

현재의 독일을 위기라고 해석하는 한국의 시각 속에는 사회적 갈등을 무조건 해악으로 여기고 갈등에 대한 논의 자체에 거부감을 보이는 한국 사회의 단면이 포함된 것은 아닐까?

우리에게 중요한 것은 독일 통일이 성공적이냐 아니냐는 질문이 아니다. 그보다 독일의 분단과 통일 과정에서 문제가 무엇이었고 이를 둘러싼 갈등을 어떠한 방식으로 접근해 대처했는지를 각각 구체적으로 짚어 보는 것이 더 필요하다. 이를 통해 우리에게 맞는, 더 나은 논쟁과 합의의 문화를 만들어야 하기 때문이다.

●

4_ 통일이 미완성이라고?

경제 성장은 녹색, 심리적 장벽은 주황색

베를린에서 서남부로 3시간 정도 자동차로 가면 옛 동독 지역인 에어푸르트가 나온다. 1970년 3월 1차 동서독 정상회담이 열린 곳이다. 두 달 후엔 서독 지역 카셀에서 2차 정상회담이 열렸다. 에어푸르트는 한국에 잘 알려지지 않은 도시다. 근대 건축물들이 잘 보존돼 독일 관광객들이 몰리는 곳인데도 그렇다. 옛 동독 지역인 탓이 크다. 1990년 전까지만 해도 한국 사회에 알려질 여지가 거의 없었던 것이다. 에어푸르트는 인구가 20만 명 정도에 불과한데, 도심이 화려하고 광장에서는 축제가 다반사로 열린다. 옛 동독 지역이지만 관광도시인 만큼 시민들이 외국인에 익숙하다.

라이프치히, 드레스덴 같은 도시들은 옛 동독 지역에서 더 크고 발달한 도시다. 드레스덴은 이미 한국에도 많이 알려져 있다. 체코 프라하와 함께 중부유럽의 여행 코스가 되고 있다. 라이프치히에는 젊은이들이 몰려들고 있다. 대학 도시로도, 힙스터들의 문화 성지로도 떠오르고 있다. 최근에는 옛 동독 지역이 새로운 산업의 메카로도 주목을 받고 있다. 베를린이 국제적인 도시로 더욱 성장하면서 후광 효과를 보고 있다.

물론 옛 동독 지역에는 여전히 농촌이 많다. 2020년 상반기에 코로나19 확산 정도를 색깔로 표시한 지도를 보면 옛 동서독 지역을 색으로 확연히 구분할 수 있었다. 옛 동독 지역이 옛 서독 지역

에어푸르트 도심 광장.

보다 코로나19 감염이 훨씬 ● 적었다. 이는 옛 동독 지역
에 농촌이 많은 것과 무관 치 않다는 지적이 미국 언
론에서 제기되기도 했다. 통일 후에도 여전한 지역 간 경제적 격
차를 애써 부각하는 분석이다. 그러나 하반기 재확산기에는 이런
분석이 무의미해졌다. 옛 동독 지역에서 공업이 발달한 작센주는
옛 서독의 라인강과 바이에른주 지역과 함께 위험 신호인 붉은 색
으로 칠해졌다. 동서 지역을 가리지 않고 일부 북부 지역만 상대
적으로 양호한 것으로 표시됐다.

　옛 동독 지역의 경제적 발전과 동서 격차 문제를 우리는 어떻
게 바라봐야 할까.

　"독일 통일은 완수되지 않았습니다. 진행 중입니다."

　독일 통일 29주년 기념일인 2019년 10월 3일에 앙겔라 메르켈
총리가 연설에서 한 말이다. 같은 해 2019년 11월 9일, 베를린 장

벽 붕괴 30주년 기념일에도 메르켈 총리는 일간 쥐트도이체차이퉁과의 인터뷰에서 "동서 격차를 해소하는 데 반세기가 더 걸릴 수 있다"고 했다. 프랑크-발터 슈타인마이어 대통령도 2020년 10월 3일 독일 통일 30주년 기념일에 "지난 30년간 발생했던 실수와 정의롭지 못한 일에 대해 공개적인 논의뿐만 아니라 비판적인 시선이 필요하다"고 했다. 게르하르트 슈뢰더 전 총리는 필자들과의 인터뷰에서 메르켈 총리의 "통일이 진행 중"이라는 발언에 대해 "맞는 표현"이라고 말했다.

독일은 통일 직후 막대한 통일 비용으로 한때 '유럽의 병자'로 불릴 정도로 경제가 전락한 적이 있었다. '라인강의 기적'을 일구었던 독일로서는 치욕적인 별칭이었다. 그러나 2000년대 들어 유럽의 최대 경제 대국으로 부상했다. 유로존이 만들어진 데 따른 후광 효과 속에 통일의 경제적 후유증을 극복해 나간 덕분이다. 옛 동독 지역 경제도 가파르게 성장했다. 성장률로는 옛 서독 지역을 뛰어넘으며 두 지역 간 경제적 격차를 줄여나가고 있다. 1990년만 해도 동독 지역의 경제력은 서독 지역의 43% 수준이었으나 2018년에는 75% 수준까지 올라왔다. 옛 동독 지역의 경제력은 이제 웬만한 남부유럽 국가를 뛰어넘을 정도다. 경제적 활황 속에 라이프치히나 드레스덴 같은 동독 주요 도시에는 젊은 산업인구가 계속 유입되고 있다.

2000년대 들어 유럽에서 가장 부각되는 도시가 된 베를린도 통일의 대표적인 성공 모델이다. 과거 상대적 부유층이 거주하던 일부 서베를린 지역은 여전하지만, 전반적으로 베를린의 경제적 중심지가 동베를린으로 이동한 지 오래다. 동베를린 중 미테와 프렌츠라우어베르크, 프리드리히스하인 등 상당 지역은 주요 정부 기관과 기업체가 몰려있는 최고급 상업지구이자 주거지로 탈바꿈했다. 동독 지역이라 허름할 것이라는 예상과는 반대이다.

베를린의 '힙'하다는 클럽과 카페, 문화 공간 등은 이제 대부분 동베를린 지역에 모여 있다. 전 세계 여행객들은 서베를린이 아닌 동베를린을 염두에 두고 베를린행 항공편과 기차에 몸을 싣는다. 통일이 가져다준 변화와 효과의 한 단면이다.

독일 정부는 양 지역 간의 경제적 격차가 얼마나 줄어드는지 유심히 살펴보고 있다. 매년 발간하는 통일백서에 이에 대한 통계와 분석을 담는다. 줄어든 격차에 대해 홍보하며 통일의 효과를 강조해 왔다. 독일 정치인들도 '독일 통일의 날'에 옛 동독 지역에서의 경제적 성과에 방점을 찍었다. 시리아 내전 등 중동 정세가 악화한 뒤 대거 유럽으로 넘어온 난민에게 국경을 개방하며 난민의 사회통합에 ● 대한 자신감도 나타냈다.

그러다가 최근 몇 년 전부터 지도자들의 메시지가 바뀌었다. 민주주의 체제에 균열을 내는 위험신호를 뒤늦게 알아차린 것이다. 2015년 이후 100만 명이 넘는 난민을 받아들이자 옛 동독 지역을 중심으로 이민자 등 타자에 대한 혐오 현상이 두드러지고 있다. 이 과정에서 극우세력인 '독일을 위한 대안'(AfD)이 2017년 9월 총선 이후 급부상하며 제도 정치권으로 화려하게 진입하자 독일 지성사회가 위기의식을 갖고 잔뜩 긴장하게 됐다.

AfD는 총선에서 제3정당 자리를 차지하면서 연방의회에 입성했다. 지식인들의 소망과는 달리 일시적인 돌풍이 아니었다. 이어진 주 의회 선거, 유럽의회 선거에서 AfD의 질주는 계속됐다. 특히 옛 동독 지역 선거에서는 잇따라 제2당에 올라섰다. 기성정치권이 받은 타격은 컸다. 극우 성향 정당의 부상에는 기성 대형 정당들의 책임이 컸다. 주류 정치가 옛 동독 지역의 정서를 대변하지 못한다는 실망감은 극우 성향 정당의 자양분이 됐다.

경보음은 정치권에서만 울린 것이 아니었다. 옛 동독 지역에서 발생한 극우세력의 대규모 폭력시위는 사회에 충격과 함께 경종을 울렸다. 2018년 8월 켐니츠에서는 거리 축제 참가자 간에 다툼이 벌어져 독일인 남성 한 명이 사망했다. 시리아와 이라크 출신 남성이 용의자로 지목되자 극우단체들이 이민자 반대를 선동하며 거리로 나섰다. 폭력시위가 벌어졌다. 거리에서는 이민자뿐만 아니라 취재진까지 위협을 받았다. 아이러니는 다툼의 희생자 역시 이민자 출신이었다는 점이다. 옛 서독 지역이라고 예외는 아니었다. 2019년 6월에는 카셀에서 난민을 옹호해 온 지역 정치인이 극우주의자에게 살해당했다. 소도시 시장들이 극우세력의 협박으로 사임하는 일이 잇따라 벌어지기도 했다. 2020년 2월에는 헤센주 하나우에서도 이주민을 노린 총기 난사 테러가 발생해 아홉 명이 숨졌다. 범행은 역시 음모론과 편협한 민족주의에 사로잡힌 극우주의자의 소행이었다. 그래도 이런 극우파의 시위가 공공연하게 일어나는 곳이 주로 옛 동독 지역이라는 점은 부인할 수 없다.

동독 지역이 극우세력의 본거지가 된 까닭은?

왜 옛 동독 지역에서 극우세력이 점점 더 힘을 받는 것일까. 기존에 통일을 주로 경제적, 제도적 측면으로만 접근하던 방식은 부작용을 낳았다. 문화적인 측면이 너무 간과됐다. 긴 분단기에 걸쳐 동독 지역에 형성된 기억과 정체성이 무시됐다. 그러는 사이 갈등의 폭발력이 서서히 커졌다.

옛 동독 지역 주민의 생활 수준이 경제적으로 급격하게 향상된 것은 사실이지만 심리적 부분은 달랐다. 상당수의 옛 동독 시민은 분단기 시절 자신의 인생과 가치관이 통일 이후에 부정당하는 경험을 하며 혼란을 겪기도 했다. 더구나 대량 실업 등 경제적인 문제는 심리적 트라우마까지 키웠다.

독일 주류 사회는 이를 간과한 채 옛 동독 지역 시민들을 계도의 대상으로만 생각했다. 다분히 엘리트주의적이자 계몽주의적 접근방식이었다. 그런데 최근 독일의 연구 결과를 보면 옛 서독 지역 시민보다 동독 지역 시민들이 직접 민주주의를 더 선호하고 있었다. 그러니 문제가 해결될 리가 없었다. 오해와 불신, 분열만 낳았을 뿐이었다. 극우세력이 제도권으로 들어올 수 있는 문을 활짝 열어주게 됐다. 극우주의 폐다 시위대나 AfD 같은 우파 포퓰리즘 정당이 온건한 유권자들의 대변자를 자처할 수 있는 길이 생긴 것이다.

여기에 역설이 있다. 분단기 서독의 신동방정책은 엘리트주의적이거나 계몽주의적 접근을 배격했다. 보통 사람들의 관심과 편익을 세심하게 보듬었기에 성공할 수 있었다. 현재 독일 사회와 정치권이 이러한 '역사적 교훈을 망각한 것 아니냐'는 질문이 시의적절한 이유다.

우리에게 던지는 시사점도 크다. 2015년 대규모 난민을 받아들이면서 시민들의 휴머니즘에 호소한 메르켈 총리의 일성은 감동적이지만, 과거 신동방정책을 추진하던 빌리 브란트 총리처럼 면밀하지는 못했다. 난민과 이민자들에 대한 시민들의 염려를 국수주의적이라고 폄훼하는 인상이었다. 세계화가 혜택이 아니라 부담으로 느껴지는 이들의 어려움에 공감하고 지원하는 대책이 부족했다. 이러한 이상주의적·계몽주의적 접근은 결국 사회적 약자들 간의 갈등만 부추긴다. 갈등의 첨예화에 특화된 포퓰리즘 정당 세력이 점점 더 확장되는 악순환으로 이어진다.

여전히 독일 주류 미디어는 동독 지역 시민들이 서독 지역 주민에 비해 AfD를 더 지지하고 있는 것을 지적하며 삐딱한 시선을 보낸다. 동독 지역 시민의 대다수가 통일 이후 30년 동안 극우나 극좌정당이 아니라 기독민주당이나 사회민주당 같은 서독의 기성 정당에 한결같은 지지를 보냈다는 사실을 망각한 채 말이다.

'동독의 기억'에서 후유 증 치료약 찾는 독일

극우의 발호에 심각성을 느낀 독일 지성 사회는 기억을 더듬어 분단기와 통일 과정을 복기하고 있다. 새로운 진단과 처방전이 필요하다는 판단에서다. 경제적 성취를 만끽하느라 잠시 망각했던 문화적 갈등과 격차를 자각하고 통일을 완성하려는 움직임이 이어지고 있다. 과거 주류사회에서 인지하지 못했던 문제점을 사회적으로 공유하면서 해결하기 위해 소통하는 모습이다.

유럽에서 최근 몇 년간 기존 국민정당이 퇴조하는 추세인데다 독일 기성 정당들이 실수를 거듭하는 상황에서도 AfD를 제1당으로 만들어 주지 않는 유권자들에게 고마움을 표시하는 모습도 조금씩 나타나고 있다.

독일을 주도하는 정치세력은 인종주의와 적대적 민족주의를 배격한다. 유럽의 일부 국가에서 이미 극우세력이 정권을 잡았거나 사회적, 정치적 주도권을 휘두르는 모습과는 확연히 다른 양상이다. 정치 지도자들은 기회가 닿을 때마다 인종주의와 반유대주의에 맞서 자유주의와 다원주의 가치를 수호해야 한다고 호소한다. 물론 자신들이 속한 거대 정당들의 퇴조를 막기 위해 나온 목소리일 수도 있다. 그러나 민주주의를 지켜야 한다는 절실함이 담겨 있다. 지식인들도 극우세력이 부상하는 이유를 분석하면서 기성 정당을 채근하고 있다. 이런 노력은 모두 사회통합을 겨냥하고 있다. 사회통합은 '완결'을 향해 나아가는 독일 통일의 종착역이기도 하다.

5__ 한국에 잘못 알려진 '프라이카우프' 신화

동독 반체제 인사를 돈과 맞바꾸기

할리우드 영화 '스파이 브릿지'(2015)는 미국과 소련이 베를린에서 포로를 교환하는 내용이다. 실화를 바탕으로 했다. 스티븐 스필버그 감독이 연출하고 톰 행크스가 주연을 맡았다. 국내에서도 개봉했고 최근에는 넷플릭스에도 올라와 있다.

영화는 냉전체제의 서슬이 퍼렇던 1950~1960년대가 배경이다. 미국이 붙잡은 소련 스파이 루돌프 아벨과 소련에서 정찰 비행을 하다가 격추돼 붙잡힌 미군 조종사 프란시스 개리 파워스가 맞교환되기까지 과정을 담았다. 교환 장소는 글리니케 다리다. 당시 서베를린 서남부와 동독 지역인 포츠담을 잇는 다리였다. 그 아래에는 하펠강이 흐르고 있다. 지금은 베를린을 벗어나 서남부 교외로 가려는 시민들이 많이 이용하는 다리다. 코로나19가 한창 기승을 부리던 2020년 10월 가을, 글리니케 다리 주변은 평화로운 풍경이었다. 도심을 벗어나 교외에서 잠시 팬데믹을 잊으려는 시민들이 산책하고 있었다. 겨울이 되면 사그라들 햇살이 마지막 불꽃을 태우는 양 한껏 내리쬐고 있었다.

다리를 건너기 전의 반제 지역과 다리 건너 바벨스베르크 지역은 인근 주민들에게 자연의 아름다움을 선사한다. 20세기 초부터 미국 할리우드에 비견될 만큼의 대형 영화 스튜디오가 위치해 유명한 지역이기도 하다.

'메트로폴리스'(1927), '피아니스트'(2002), '브이 포 벤데타'(2005)에 이어 '매트릭스 4'(2021)가 제작 중이다. 그러나 50여 년 전만 해도 이 지역에는 긴장감이 맴돌았다. 영화에서도 포로가 교환되는 시간은 눈이 내리는 한겨울에 안개가 자욱한 밤으로 설정돼 있다. 당시 엄혹했던 시대적 배경을 상징화한 셈이다. 지금은 따뜻하게만 보이는 다리의 철제 아치가 영화에서는 차디차 보였다. 아벨과 파워스를 맞교환했던 해는 1962년이다.

현실에서 영화의 배경과 비슷한 시기인 1963년, 8명의 동독 반체제 인사가 서독으로 넘어왔다. 프라이카우프의 시작이었다. 서

분단기 동서독 포로교환이 이뤄진 글리니케 다리. 2020년 가을 모습.

독이 대가를 지급하고 동독 반체제 인사들을 데려온 것을 일컫는 말이다.

'동독 수감자에 대한 프라이카우프 연구' 등 관련 자료에 이런 내용이 기술돼 있다.

프라이카우프는 한국에서 북한의 인권문제를 완화할 수 있는 접근법으로 소개됐지만, 동시에 왜곡된 신화도 형성됐다. 프라이카우프는 당시 서독 정치권에서 별다른 반발이 없었고 언론에서도 보도를 유예했기 때문에 실행될 수 있었다는 잘못된 정보가 유통됐던 탓이다. 이런 이유로 한국에서는 프라이카우프의 추진 자체가 불가능할 것이라는 논리가 만들어졌다. 독일과 달리 한국의 정치권에서는 타협이 불가능하고 언론에서도 보도유예가 되지 않을 것이라고 판단한 근거가 이미 잘못된 전제에서 이루어진 것이다.

사실 독일식 프라이카우프는 현재 북한에서 받아들일 가능성이 거의 없는 데다 남측에서도 반대하는 시민이 많아 도입 가능성이 떨어지는 방식이긴 하다. 그래도 잘못된 신화는 바로잡을 필요가 있다. 프라이카우프는 서독 내 추진 과정에서 상당한 반발과 논쟁을 거치면서 합의를 통해 진행된 제도였다.

그럼 프라이카우프는 어떻게 추진됐을까. 기독민주당·기독사회당 연합이 주축인 연립정부가 동독 당국과 협의해 1963년 도입했다. 체제 경쟁이 전개되는 분위기 속에서 정치적 리스크를 감수한 결정이었다. 이어 정권을 차지한 사회민주당 주도의 연립정부도 프라이카우프를 폐기하지 않고 그대로 이어나갔다. 그런데 1972년 총선을 앞두고 야당인 기독민주당·기독사회당 연합은 정부의 프라이카우프 추진 방식을 비판했다. 프라이카우프를 조

용히 처리하지 않고 마치 신동방정책의 결실인 것처럼 정치적으로 도구화했다며 공세를 펼쳤다. 프라이카우프의 대가가 동독의 체제 유지에 사용된다는 비판도 제기됐다.

총선을 나흘 앞둔 11월 15일 방송된 여야 최고 후보자 간 TV 토론에서도 이 문제는 주요 의제 중 하나였다. 당시 토론회를 방영한 공영방송 ARD와 ZDF의 시청률은 서독에서만 58%에 달했고 서독 TV의 전파가 닿는 동독 시민들도 상당수 시청했다. 동독 시민들도 프라이카우프를 알게 된 셈이다. 총선에선 사민당이 45.8%의 높은 득표율로 승리했다.

동독 반체제 인사 한 명을 서독으로 데려오는 비용으로 4만 마르크(당시 한화로 약 2천560만 원) 정도 들었다. 정치범의 혐의와 징역 기간에 따라 액수가　　　　달라졌지만 최소 1만 마르

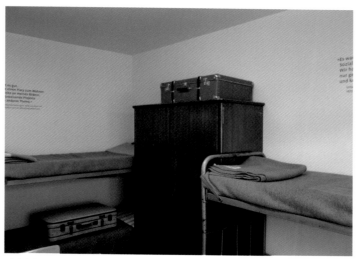

마리엔펠데 긴급수용소 기념관. 분단기엔 탈동독주민, 2010년대에는 중동 난민 등이 머무른 곳.

크에서 최대 8만 마르크에 달했다. 27년간 3만1천755명의 정치범과 그들의 자녀 2천여 명이 프라이카우프를 통해 서독으로 넘어왔다.

프라이카우프는 초창기부터 언론을 통해 세상에 알려졌다. 1964년 8월 서독의 여러 신문 및 방송뿐만 아니라 서유럽의 매체들은 동독의 정치범들이 9월 말 서독의 기센 지역에 도착한다고 대대적으로 보도했다. 서독과 동독 당국은 일절 반응하지 않았다. 이런 일에 정부의 무반응은 사실상 인정을 의미한다는 것쯤은 시민들도 알고 있었다.

언론은 동독 정치범들이 오게 된 과정에 대해 후속 보도를 했지만 서독 당국은 입을 굳게 다물었다. 같은 해 10월, 서독 정부 내부에서 동독에 경제적 대가를 치렀다는 정보가 언론에 흘러들어오면서 다시 논란이 불거졌다. 이번에는 구체적인 금액까지 언급됐다. 이에 불만을 품은 동독 당국이 곧바로 프라이카우프를 중단하자 서독 정부는 언론을 상대로 동독에 대가를 치렀다고 인정했다. 애초 사람을 대가로 정부 간 금전을 주고받는 거래 방식은 지속 가능하지 않았다. 당국 간에 '인간 매매'가 이뤄진다는 인권단체의 반발도 따랐다.

프라이카우프, 동독 내 인권개선 효과도 가져와

서독 당국은 프라이카우프를 멈출 수 없었다. 인권 보호 차원에서 반체제 인사들을 데려올 필요성이 있는 데다, 동독에 남아있는 반체제 인사들에 대한 인권 개선 효과도 있었기 때문이다. 서독의 진보진영이 주도해 1961년 개설한 잘츠기터 기록소 등에서는 동독 측의 인권탄압 사례를 기록하고 있었고, 서독으로 넘어온 반체제인사들이 인권탄압에 대한 정보를 제공했다. 동독 당국자들이 이를 신경 쓸 수밖에 없게 된 셈이다. 자신의 이름이 서독에서 가혹 행위자로 기록되는 것은 아무래도 께름칙한 일이기도 했다.

분단기 서독으로 추방됐던 동독의 반체제 인사 롤란트 얀 현 슈타지문서기록소장은 저자들과의 인터뷰에서 "프라이카우프의 존재는 동독에서 수감 중인 반체제 인사들이 하루하루 버티는 희망이었다"면서 "동독 당국자들도 가해자로 기록될 수 있다고 생각하게 돼, 수감자들의 처우가 개선되는 효과도 있었다"고 말했다.

이런 이유로 서독 당국은 프라이카우프를 유지하기 위해 창의력을 발휘했다. 서독 교회를 중간에 내세운 것이다. 교회가 동독에서 반체제 인사들을 데려오는 대신, 인도적 지원을 명분으로 동독에 물품을 지급하도록 하는 방식으로 우회했다. 물론 이에 필요한 자금은 서독 정부가 부담했지만 어디까지나 인도적인 항목으로 교회에 예산을 배분한 것이다. 물론 인권단체들의 비판은 계속됐다. 투명하지 않게 비공개로 프라이카우프를 지속하는 것은 동독의 인권 문제에 전혀 도움이 안 된다는 지적이었다. 주요 매체에서는 거의 매년 프라이카우프의 규모와 예상 대가액에 대한 기사가 나왔다. 결국 프라이카우프는 사회적 논쟁과 여론의 필터링을 거치면서 추진된 셈이다.

6_ "왜 한국인의 북한 방문이 불법이죠?"

베를린 미테-프리드리히스하인 지역의 로자 룩셈부르크 거리.

"(진정한) 자유는 항상 다르게 생각할 자유"라 외쳤던 로자 룩셈부르크를 기리는 장소다. 그녀는 20세기 초 독일의 대표적인 사회주의 혁명가였다. 통일 전만 해도 거리 지척에 동독 집권당인 사회주의통일당(SED) 당사가 자리 잡고 있었다. 통일과 함께 건물 주인이 독일 외무부로 바뀌었다. 사회주의통일당의 후신인 좌파당은 이 거리에 위치한 건물로 이전했다. 로자의 동지 카를 리프크네히트의 이름을 딴 건물이었다.

1919년 두 혁명가가 백색 테러의 희생자가 된 후 이들과 함께해 왔던 독일공산당은 이 건물에서 나치에 맞섰다. 저항은 1933년 나치 돌격대(SA)가 이 건물을 무단 점거하면서 사실상 막을 내렸다. 이렇게 전체주의에 저항하며 혁명을 외치던 사회주의 세력이 분단기에 돌변했다. 동독의 억압적 체제를 만든 지배층이 됐다. 역사의 아이러니다.

혁명과 권력의 욕망으로 가득 찼던 이 일대는 현재 젊은이들이 낭만을 나누는 공간으로 변모했다. 자정 쯤 되면 펍과 바에 손님이 가득 차기 시작한다. 베를린의 젊은이들, 전 세계에서 몰려든 청춘들이 낭만을 만들어가는 지역이다. 베르크하인 등 베를린의 대표적인 클럽들도 가까운 위치에 있다.

독일에서 주체사상 책을?

이 일대에 아나키스트들이 자주 가는 바가 한 곳이 있다. 이런 류의 장소들이 으레 그렇듯 체 게바라 사진 등이 걸려있는 바는 자유로운 분위기로 충만하다. 2019년 겨울 크리스마스 전이었다. 바의 벽면에 전시된 여러 국가의 지폐들 가운데 북한 지폐가 보였다. 바텐더한테 '어디서 구했느냐'고 물으니 옆에서 같이 일하는 이를 가리켰다. 가끔 일을 도와주러 오는 사람이란다. 청각장애인인 그는 북한에서 몇 년간 거주했으며 독일로 돌아온 뒤에도 주독 북한대사관과 교류를 이어 오고 있다고 했다.

마침 그가 바에 갖다 놓은, 북한의 장애인을 위한 언어교육 책을 보여줬다. 그는 다른 책도 보여줄 수 있다고 했다. 책을 가져오겠다며 바를 나선 지 20분 만에 북한의 주체사상서를 가져왔다. 원하면 책을 사갈 수 있다는 그의 제안에 손사래를 쳤다. 꺼림칙한 느낌이 들어서였다. 법적으로 문제가 될 수 있다는 막연한 두려움이 앞섰다. 나중엔 조금 후회가 됐다. 취재 차원, 학술적 차원에서 사놓는 것도 괜찮을 듯싶었다.

그가 주체사상서를 어디서 가져왔는지는 알 수 없었다. 바에서 주독 북한대사관이 멀지 않았다. 중심가에 있는 북한대사관은 미테의 '핫플레이스'와 가깝다. 가끔 미테 지역을 다니다 보면 북한대사관을 지나가게 된다. 6.15 공동선언 기념행사, 베를린자유대 한국학연구소 정자 현판식, 남자핸드볼 세계선수권대회의 남북 단일팀 공동응원전 등에서 박남영 북한대사를 만날 때마다 "대사관에서 족구 한번 하게 초대해 주십시오"라고 부탁했었다.

베를린의 대표적인 클럽 '베르크하인' 전경.

물론 비보도라는 단서를 달며 요청했다. 실현 가능성이 떨어진다는 것은 알았지만 빈말은 아니었다. 남북한이 한 도시에서 만날 수 있는 베를린이었기에 북한 대사에게 이런 부탁도 가능했다. 독일 분단기에 동서 베를린뿐만 아니라 동서독 간에도 인적 교류는 꾸준히 이뤄졌다. 65세 이상 동독 시민은 서독에 다녀올 수 있었다. 서독 시민은 사실 돈과 여유만 있으면 동독으로 친지를 만나러 갈 수 있었다.

[이진의 체험] 공산주의 독재 위험 경고하던 한국통의 조언

독일 정치와 통일을 연구하청산재단을 이끄는 안나 카레 인연이 닿았다. 2010년날 때마다 이렇게 되묻곤 했다. 면서 사회주의통일당 독재민스키 사무처장과 여러 차께부터였다. 카민스키는 만

"왜 한국 사람이 북한을 방문하는 게 불법이죠? 동독보다 억압적인 북한 당국이 남측으로 가는 주민을 처벌하는 것이야 이해가 가지만⋯."

카민스키의 질문에 대해 한반도의 분단 현실을 너무 몰라서 그런다고 생각할 수도 있다. 그러나 카민스키는 한국을 수시로 찾았고 한국 인사들을 숱하게 만났다. 남북한의 특수한 현실에 깊은 이해도를 가진 지한파다. 그는 동독 출신의 지성인으로 통일 직후 현재까지 동독 사회주의의 문제점을 최전선에서 다뤄왔다. 그만큼 그가 던진 질문이 묵직하게 다가왔다.

카민스키의 질문에는 과거 서독처럼 한국이 더욱 적극적인 접

근법을 시도해 볼 능력이 있다는 전제를 깔고 있다. 체제 경쟁에서 이미 승리한 민주주의 사회가 냉전적 사고를 대범하게 벗어던져야 한다는 주문이다. 시민의 자유로운 이동과 교류는 민주주의 사회의 원칙이자 권리다. 여기에는 보수도 진보도 차이가 있을 수 없다. 무엇보다 지금도 전 세계에 공산주의 독재의 위험을 경고하는 재단 사무처장의 조언이다.

[이광빈·이진의 체험] "체제 자신감 속 자유 방북길 열어야"

우리나라의 통일연구원 격장을 역임한 바 있는 데틀 터뷰에서 한국 정부가 모든 인 전 전독일문제연구소 소레프 퀸은 필자들과의 인국민이 신고 의무 없이 북한 땅을 자유롭게 밟을 자유와 권리를 가지도록 선언할 필요가 있다고 조언했다. 인터뷰 당시 83세인 그는 분단기 진보와 보수 정권을 아우르며 연립정부의 소수파를 구성했던 친기업정당인 자유민주당 출신이다.

"남측의 체제에 대한 자신감에 기반해 더욱 전향적인 사고를 해야 할 때입니다. 서독은 신동방정책 이전부터 한 번도 동독으로 가는 통행을 막은 적이 없었어요. 실제 동독으로 갈 수 있느냐의 여부를 떠나 법적으로 제한을 두지 않았죠. 결국 동서독 간 협상을 통해 동독지역으로 여행을 갈 수 있는 토대가 됐죠."

이는 서독의 헌법 격인 기본법에서 모든 독일인이 이동할 수 있는 자유를 보장하고 또 서독이 공식적으로는 동독의 국가성을 인정하지 않은 것과도 일치하는 태도였다.

물론 남측이 이런 결정을 한다면 많은 부작용이 생길 수 있다. 외국에서 여객기로 북한을 다녀올 때는 국경을 지키는 북한군의 총부리를 피할 수 있지만, 휴전선은 그렇지 않다. 남북 관계가 획기적으로 진전하지 않는 한 공식적인 방문 루트를 북측이 쉽사리 열어주지 않을 것이다. 북한에 방문했을 때 불상사가 일어날 수도 있다. 남북 관계가 비교적 양호할 때 공식 루트를 통해 북한을 여행하다가 불행한 사건이 발생하기도 했다. 2008년 남측 시민이 금강산 관광을 갔다가 북한군 초병의 총격을 받아 숨졌다. 박왕자 씨 피살 사건이다. 당시 남북은 이 사건을 해결하는 데 실패했고 남북 관계는 급랭했다. 외국인들이 북한에 여행을 가더라도 상당한 통제를 따라야 하는 상황이다. 통제를 벗어날 경우 예측 불허의 일이 벌어질 수 있다.

퀸이 이런 부작용을 모를 리 없었다. 카민스키도 마찬가지다. 그런데도 이런 조언을 한 것은 민간교류의 확대가 그만큼 중요하기 때문이라고 퀸은 설명했다. 부작용이 있더라도 가능한 모든 방법을 동원하고 면밀한 준비를 거쳐 인적 교류를 확대해야 한다는 것이다. 그래야 상호 이해의 폭이 넓어져 더 접근할 수 있다고 퀸은 강조했다. 그는 인터뷰에 앞서 며칠 전 자신을 찾은 한국의 정부 연구기관 관계자들에게도 이런 의견을 전하기도 했다. 당시 같은 해 2월 북미정상회담을 앞두고 남북 간 평화 정착 및 교류·협력의 확대를 위한 방안이 요구되는 시점이었다.

분단기 동독의 바이마르에 수학여행 온 서독 학생들. 왼쪽 빨간 점퍼 무리는 동독 청년들.
ⓒ 빌리 아이젤레 제공

interview

빌리 아이젤레
— 동독 수학여행 인솔교사 —

"동독으로 수학여행하며 학생들에게
분단 현실을 각인시켰죠"

옛 서독 시절 바이에른주 뮌헨에서
교편을 잡았던 빌리 아이젤레(2019년 4월 인터뷰 당시 73세)는
동독으로 수학여행을 가장 많이 인솔한 교사다.
서독 연방정부와 달리 보수적인 바이에른주에서는
동독 수학여행을 탐탁지 않게 여겼다.

●

뮌헨 교육 당국은 동독으로 가는 수학여행에 대해 우호적이었나요?
"당시 연방정부는 각 주 정부에 수학여행 비용을 지원했는데 슈트라우스
바이에른 총리는 동독 수학여행 시 터무니없이 높은 비용을 지불하게 되는
것을 문제 삼았죠. 동서독 간 화폐가치까지 고려한다면 유스호스텔 비용이
실제보다 100배까지 올라가긴 했어요."

동독에 갔을 때 감시당하는 일은 없었는지요.
"통일 후 동독 비밀경찰인 슈타지 문서 열람을 신청해 보니 제가 묵었던 동
독의 숙소를 슈타지가 감청했더군요. 저의 일거수일투족이 슈타지 문서에
다 적혀 있었어요. 수학여행지에서 만난 동독 시민에게 같이 식사하자고
제안한 것까지 다 기록돼 있었어요. 당시 제가 가진 노하우를 담아 동독 수
학여행 매뉴얼을 만들어 동료 교사들에게 배포했는데 슈타지는 이런 사실

까지 파악했더군요. 국경을 통과할 때 동독 당국자가 '왜 선생은 수학여행을 다른 국가로는 안 가고 동독으로만 오느냐'고 묻기도 했어요. '동독이 여권에 찍어주는 도장이 멋있어서 그렇다'고 농담으로 답변했죠. 슈타지 문서를 보니 이런 이야기까지 동독에 대해 '모욕 행위를 했다'며 적혀 있었습니다."

동독이 수학여행 온 학생들을 통제했나요?

"보호자, 통역 자격으로 동독 사람들이 따라붙었죠. 이들이 슈타지에 보고서를 낸 거예요. 동독 청소년들이 유스호스텔로 와서 서독 청소년들과 대화의 시간을 가졌는데, 사실 그들은 동독 학교의 젊은 교사들이었습니다. 서독 학생 한 명이 '학생이 아닌 것 같은데'라며 야유를 보내기도 했죠. 동독의 '위장 학생'들은 서독의 문제점에 관해 이야기했어요. 이에 한 제자는 '동독 지역을 보고 경험하기 위해 500㎞를 달려왔는데, 당신에게 서독 이야기를 들어야겠냐'고 무안을 준 적도 있었죠."

동독 수학여행 시 인상적인 장면은 무엇이었나요?

"1983년 아이젠나흐라는 도시를 방문했을 때 동독 국경수비대 신병들의 선서식을 보게 됐어요. '우리는 계급투쟁의 적들을 무찌를 것'이라며 서독에 대한 적대감이 가득한 선서를 하는 것을 서독 학생들이 목격하게 됐죠. 아이들이 분단의 현실을 여실히 느꼈을 겁니다."

애초 신동방정책에 문제를 제기했던 보수적인 기독사회당의 당원인데도 동독으로의 수학여행을 계속 추진한 이유는 무엇인가요?

"보수가 중요시하는 가치는 인간의 자유입니다. 자유를 누리기 위해서는 용기가 동반돼야 하죠. 또 보수는 개인이 자유롭다면 현명한 결정을 내릴 수 있을 것이라고 봅니다. 우리와 체제가 다르다고 외면하는 것이 아니라 직접 만나보고 이해하려는 용기가 자유라는 것이 보수주의자로서의 신념이었습니다."

7__ 서독판 경상도 맹주가 왜 인적 교류를?

"베를린은 독일이 아니죠"

2019년 4월 말. 이제는 역사 속으로 사라진 베를린 테겔 공항에서 항공기를 타고 뮌헨 공항에 도착했다. 뮌헨 중앙역으로 이동해 교외로 향하는 기차를 잡아탄 뒤 한 차례 환승까지 해야 하는 복잡한 여정이다. 종착지는 뮌헨 인근 마을인 볼프라츠하우젠역이다. 볼프라츠하우젠은 화창한 봄날이었다. 파랗고 높은 하늘과 내리쬐는 햇살이 따스했다. 회색과 파란색 하늘이 교차하고 심심치 않게 바람이 성을 내는 베를린의 변덕스러운 날씨와는 달랐다. 베를린에서 흔히 볼 수 있는 패딩 옷차림도 이곳에서는 보기 힘들었다. 몇 걸음 걷지 않았는데 손을 흔드는 노인이 보였다. 빌리 아이젤레가 마중 나와 있었다. 분단기 서독에서 동독으로 가는 수학여행을 가장 많이 인솔했던 교사였다. 그를 인터뷰하기 위해 베를린에서 바이에른주까지 간 것이다. 아이젤레는 이미 알면서도 우리가 어디에서 왔는지 물어보면서 "베를린은 독일이 아니죠"라고 농담을 건넸다.

뼈 있는 농담이었다. 바이에른주는 정치적 스펙트럼으로 보면 한국의 경상도였다. 보수진영의 세력이 가장 강했다. 지금도 바이에른주의 최대 정당인 기독사회당은 독일의 주요 정당 가운데 극우 정당을 제외하고 이념적 스펙트럼이 가장 오른쪽에 치우쳐 있다. 기독민주당은 바이에른주에서 자매 정당인 기독사회당의 지배적인 위치를 존중해 왔다. 총선에서 바이에른주 지역구에 아예 후보자를 내지 않고 기독사회당에 지지를 몰아줬다. 바이에른주는 문화적으로도 독자성이 강하다.

분단시기 부를 쌓은 바이에른

바이에른주의 독자성은 어디에서 유래했을까. 바이에른주는 19세기 중반까지만 해도 독립적인 왕국으로 위세가 대단했다. 바이에른 지역뿐만 아니라 작센, 뷔르템베르크 지역까지 지배권을 행사했다. 독일어 문화권 내에서 바이에른 왕국보다 큰 국가는 오스트리아와 프로이센뿐이었다. 그러나 1866년 프로이센과 오스트리아 간의 전쟁에서 오스트리아 편에 섰던 바이에른 왕국은 프로이센의 승리로 입지가 약화됐다. 결국 1871년 프로이센이 주도한 독일 제국에 편입됐다. 그렇다고 완전히 피지배자의 위치에 놓여 있던건 아니고 폭넓은 자치권을 누렸다.

　바이에른주는 과거 다소 낙후된 농업지역이었지만 분단기 서독 시절 산업의 중심지로 부상해 지금은 독일에서 가장 부유한 지역으로 자리를 굳혔다. BMW, 아우디, MAN, 알리안츠, 지멘스 등 유수의 기업 본사가 바이에른주에 있다. 이들 기업의 상당수는 원래 베를린에 자리를 잡고 있었다. 분단이 베를린을 가난하게 만들었다면 바이에른주는 오히려 도약의 기회가 됐다. 현재도 아이젤레가 거주하는 뮌헨 인근 지역 도시들은 독일에서 가장 가처분소득이 높다. 여기에 독일에서 가톨릭 인구가 가장 많은 곳이 바이에른주다. 그만큼 기독교적 전통을 중시한다.

이런 보수적이고 전통적인 바이에른주의 관점에서는 변화를 거듭하며 새로운 문화가 형성되는 베를린은 별개의 세상으로 보일 수밖에 없다. 베를린이 진보와 다양성을 상징한다면, 바이에른주는 보수의 자존심을 대표한다. 바이에른주의 기독사회당은 사회민주당 집권기 신동방정책에 대해 가장 비판적인 입장이었다. 신동방정책의 기틀을 마련한 동서독 간 기본조약에 대해서도 위헌 소지가 있다며 헌법소원에 앞장섰다.

중도층 접근 위해 변신한 보수!

이렇게 보수적인 기독사회의 첨병이 되기도 했다. 한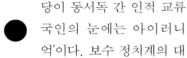하게 보일 법한 '서독의 기당이 동서독 간 인적 교류국인의 눈에는 아이러니억'이다. 보수 정치계의 대표적인 인물인 프란츠 요제프 슈트라우스 기독사회당 대표 겸 바이에른주 총리는 동서독 간 인적 교류 확대에 결정적으로 기여했다. 슈트라우스는 1983~1984년 경제난을 겪던 동독을 상대로 서독의 차관 제공을 중개했다. 기독민주당보다 더 보수적인 기독사회당 의원 몇 명이 이에 반발해 탈당했을 정도로 파격적인 변신이었다. 슈트라우스는 동독 정부 측과의 차관 제공 협상에서 상당한 성과를 거뒀다. 동독에 차관을 제공하는 대신 서독인들의 동독 여행 기간을 늘렸고, 동독 여행 시 의무적으로 환전해야 하는 금액을 낮췄다. 서독 시민들에게 직접적으로 이익이 되는 내용이다. 특히 슈트라우스는 인권 문제에서도 동독의 양보를 얻어냈다. 국경에 배치된 무인자동화기(SM-70)를 철거하고 동독 정치범의 서독 송환(Freikauf)을 확대하는 등의 성과도 올렸다. 동독에서 서독으로 탈주하는 이들이 무수하게 무인자동화기로 목숨을 잃는 터였다.

'보수의 아이콘'이었던 슈트라우스는 왜 변신을 했을까. 기독사회당 소속으로 독일 연방국회에서 7선 의원을 지낸 하르트무트 코시크를 만나서 이유를 물었다. '보수정당의 노선 전환이라고 봐야 하느냐?'라는 질문에 코시크는 고개를 가로저었다.

"헌법재판소가 기본조약에 대해 헌법 합치 판결을 했지만, 동독을 헌법적 국가로 인정하지 않는 기독사회당의 입장도 반영했습니다. 보수진영은 진보진영의 신동방정책을 계승해 동서독 간 교류 확대 및 긴장 완화를 추진하면서도 동독을 헌법적 국가로 인정하지 않는 '하나의 독일'이라는 원칙을 이어가 정책적 목표 및 이념 간의 균형점을 찾으려 했어요. 동서독 긴장 완화를 위해 책임지는 자세를 ● 취한 것이죠."

1960년대 집권 당시 대 동독 정책에 문제점을 보인 보수진영이 현실적인 해법을 찾은 셈이다. 변화를 추구하면서도 통일이라는 보수의 원칙을 지켜 지지층의 이탈도 막았다. 차기 총리직을 노리며 전국적인 정치인으로 발돋움하려 한 슈트라우스의 승부수이기도 했다. 대체로 동서독 간 교류·협력에 호의적인 중도층에 다가서야 했다. 보수와 진보 간의 첨예한 갈등 속에서도 선의의 경쟁이 보수의 변신을 낳은 것이다.

친기업 자유민주당, 인적 교류 정책 수호자로

동서독 인적 교류의 확대가 이어진 데에는 기독사회당의 변신 외에도 또 다른 보수진영의 한 축인 자유민주당의 역할이 컸다. 친기업 성향인 자유민주당은 보수에서 진보로, 진보에서 보수로 바뀌는 정권 교체 속에서도 연립정부에 참여해 일관되게 동서독 인적 교류 확대 정책을 추진했다. 자유민주당은 빌리 브란트 총리의 집권기부터 사회민주당과 연립정부를 함께했다. 이후 사회민주당의 헬무트 슈미트 정부를 거쳐 1982년 기독민주당 · 기독사회당이 재집권할 때도 연립정부의 소수 파트너 역할을 계속했다. 당시 자유민주당의 한스 디트리히 겐셔가 연립정부 내 다수 정당의 교체와 관계없이 18년간 외무장관을 맡았다. 그만큼 외교정책의 일관성과 지속성이 높았다. 자유민주당 소속으로 당시 연립정부 내에서 15년간 전독일문제연구소장을 역임한 데틀레프 퀸에게 신동방정책과 인적 교류　　　　　를 일관되게 추진한 이유를 물었다.

"자유민주당의 기본적인　　　　　이념은 자유주의입니다. 분단 이후 동독의 공산주의 정권을 그대로 용인해서는 안 된다는 데 모든 정당은 같은 입장을 가지고 있었죠. 당시는 녹색당이 출현하기 전이어서 정치권 구조가 지금보다 덜 복잡했어요. 하지만 1969년 브란트가 총리에 오르기 전까지 여당이었던 기독민주 · 기독사회당 연합의 콘라트 아데나워 총리는 분단체제를 극복하기 위한 선구자적 역할을 하지 못했습니다."

좌파가 인적 교류를 방해한 아이러니

보수주의자인 아이젤레의 경험도 보수체제가 동서독 간 인적 교

서독에서 발간한 동독 여행 정보 책자.

동독이 발간한 동독 호텔 소개 책자.
ⓒ 빌리 아이젤레 제공

류 확대에 기여한 면모를 톡톡히 보여준다. 김나지움(인문계 고등학교) 학생들을 인솔해 동독 수학여행을 다니던 아이젤레는 1983년 초에 동독행 발이 묶일 뻔했다. 한 동료 교사가 학교 측에 아이젤레의 동독 수학여행 인솔을 막아 달라는 진정서를 제출한 탓이었다. 같은 보수 성향 교사의 방해라고 생각했는데, 알고 보니 아이러니하게도 좌파 성향의 교사였다. 당시 경제·문화적으로 서독이 동독보다 우월한 상황에서도 이 좌파 성향의 교사는 동독 체제가 낫다는 인식을 하고 있었다. 학생들에게 외견상 낙후한 동독의 모습을 보이기 싫었던 이유에서 훼방을 놓으려 한 것이다. 통일 전 활발했던 동서독 인적 교류의 마지막 퍼즐인 동독으로의 수학여행을 놓고 서독 내에서 이념적 배경에 따른 갈등이 다층적으로 벌어진 한 단면이다.

아이젤레는 동독 수학여행에 앞장설 수 있었던 맥락을 설명하며 매년 행선지 선정을 학생 및 학부모와 토론을 통해 정했고 참가 여부도 자발적이었다고 강조했다.

동독 수학여행의 효과는 컸다.

주간지인 디차이트의 1983년 12월 30일자 기사에서 "여론조사 결과 동독으로의 첫 여행 직후 50%의 청소년들은 동독을 더 이상 외국으로 느끼지 않는다고 답했다"라면서 "두 번째 여행한 이후에는 71%의 청소년들이 동독을 더 이상 외국으로 느끼지 않는다고 답했다"라고 전했다.

당시 유럽인들의 만남과 교육을 위해 만들어진 재단인 '오이로파하우스'가 발간한 동독 수학여행 책자에 실린 기행문에도 당시 청소년들의 소감이 실렸다.

1984년 4월 10일간 동독 ● 수학여행을 다녀온 17세 학생은 기행문에서 "동독인과 의 동질성과 그들의 다정함을 느끼고 그들이 열려 있다는 것을 제대로 경험한 기회가 됐다"라면서 "무엇보다 동독이 결코 외국이 아니라는 생각을 가지게 됐다"라고 적었다.

한독주니어포럼 독일 측 담당자인 토마스 콘호이저는 필자들과의 인터뷰에서 "청소년이던 1980년대 후반, 동독에 1박 2일로 다녀왔는데, 말썽을 피우던 학생들이 동독 검문소를 통과하면서 동독 국경수비대의 표정에 숨을 죽였다"라며 '이것이 분단이구나' 하는 냉엄한 현실을 피부로 느꼈다. 책으론 배울 수 없는 경험이었다"라고 말했다.

베를린 장벽 붕괴 1년 전인 1988년에만 연방정부와 주정부 지원으로 7만4천 명의 학생들이 동독 수학여행을 다녀왔다. 동독 수

수학여행 중 동독 국경수비대 신병들의 선서식과 마주친 서독 학생들.
ⓒ 빌리 아이젤레 제공

학여행은 민간교류 가운데서도 가장 고차방정식으로 여겨졌다. 미성년자가 사실상 적국이기도 한 곳에 여행을 떠난 것인데, 동독에 무관심한 학생들이 자발적으로 수학여행지로 동독을 선택한 것도 결코 쉬운 일이 아니었다. 서독에서 가장 보수적인 바이에른 지역의 학교에서 동독 수학여행이 가장 활발하게 이뤄졌다는 것에서도 특별한 의미를 찾을 수 있다.

애초 동서독은 분단 직후 인적 왕래에 큰 어려움이 없었다. 서독으로 탈출하는 동독인들의 행렬도 이어졌다. 1954년 서독 함부르크에서 태어난 앙겔라 메르켈 독일 총리는 그 해 목사인 아버지를 따라 동독 브란덴부르크주로 이주했다. 그러나 동독이 1961년 8월 13일 베를린 장벽 건설을 하여 국경을 완전히 폐쇄한 이후 인적 교류는 급격히 위축됐다. 분단 상황에서도 인적 교류는 서독인들에게 당연했던 터라 이후 동서독 간 협상에서 주요 의제였다. 1972년 동서독 간 교통협약 및 교류 · 협력의 새로운 장(場)을 연 기본조약 체결 전해만 해도 동독으로 간 서독 여행객 수는 모두 126만 명이었다. 이후 동서독 간 교류가 늘어나면서 1978년에는 동독으로 간 서독 여행객이 317만 명에 달했다. 미국과 소련의 탄도미사일 배치 문제로 군사적 긴장이 고조된 1981년에 210만 명으로 급감했다가, 서독 보수정권이 동독에 차관을 제공한 1983~1984년 이후 급증하기 시작 해 1986년에는 379만 명에 달했다. 수치적으로도 기독 사회당 · 기독민주당 연합이 1982년 말 정권을 탈환 한 뒤 인적 교류가 더 늘어난 셈이다.

하르트무트 코시크
— 기독사회당 소속 전 7선 하원의원 —

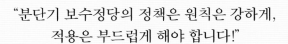

"분단기 보수정당의 정책은 원칙은 강하게,
적용은 부드럽게 해야 합니다!"

하르트무트 코시크는 보수정당인
기독사회당 소속으로 독일연방 의회에서
28년간 의원직을 지낸 7선 출신이다.
독한의원친선협회 회장을 역임한
대표적인 지한파다.

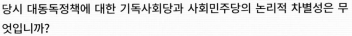

당시 대동독정책에 대한 기독사회당과 사회민주당의 논리적 차별성은 무엇입니까?

"사회민주당의 일부 정치인은 분단 상황을 '관리'하려는 경향을 보인 반면, 기독사회당은 일관되게 분단 상황을 극복하려 했습니다. 현격한 차이라기보다 두 개의 독일을 헌법적으로 인정하느냐 안 하느냐의 차이였어요.

기독사회당은 독일 통일에 대한 원칙 및 헌법적 정신을 엄격하게 지키면서도 융통성 있게 현실적인 운용의 묘를 발휘하려고 했죠. 기독민주당 소속인 헬무트 콜 총리는 1989년 서독 본에서 동독의 에리히 호네커 서기장과 회담을 하고 생방송으로 '서독인은 통일을 포기하지 않고 동독인과 함께하기 위해 노력할 것'이라고 전달했습니다. 동독인은 콜 총리의 메시지를 듣고서 '서독인들도 통일을 원하는구나'하는 생각을 하고 용기와 희망을 얻게 됐습니다."

보수적인 기독사회당이 동독에 대한 차관 지원에 앞장선 것에 대해 당내 비판도 있었습니다. 일부 의원들은 탈당도 했는데요.

"슈트라우스 주 총리 및 당 대표의 입장에 대다수 기독사회당 정치인들은 동의했습니다. 이는 기독사회당이 이전에 비판했던 사회민주당식의 유화정책이 아니었기 때문이에요. 독일 통일을 지향하는 헌법적 가치를 지키면서 동독과의 대화를 원활하게 하기 위해 유연한 접근방식을 사용한 것이었기 때문에 보수진영 내에서 설득이 가능했습니다. 원칙은 강하게 내세우되 적용은 부드럽게 하자는 게 당시 기독사회당의 입장이었습니다."

보수적인 기독사회당이 변화하게 된 배경은 무엇입니까?

"1982년 말 다시 정권을 잡게 된 기독민주당·기독사회당 연합은 사회민주당이 실시해온 신동방정책도 넘겨받은 상황에서 책임을 지려고 했습니다. 보수진영이 신동방정책을 뒤집었다면 국가적으로 큰 충격이 왔을 겁니다. 동서 관계에서도 냉각기가 도래했을 수 있었죠. 보수진영이 원칙을 지켜나가되 동서독 긴장 완화를 위해 책임지는 자세를 취한 것입니다. 국제정치 상황의 변화도 큰 변수였습니다. 국제사회가 관여한 헬싱키 협정(1975년)으로 동독 내 인권에 대한 기본적인 기준이 마련됐어요. 서독이 헝가리와 체코, 폴란드 등 사회주의 국가와 관계를 개선해 나간 점도 동서독 관계에 긍정적인 영향을 미쳤습니다."

8_ '한반도와 너무 다른 독일'이란 변명

통일 흔적 쌓인 베를린에 한국이 주목하는 이유

독일 분단 및 통일의 주요 상징물 중 하나인 베를린의 브란덴부르 크문 앞은 사람들로 넘쳐난다. 대부분 자유로운 복장의 관광객들 이다. 한국 관광객들도 꽤 볼 수 있다. 한반도의 평화·통일 관련 행사, 일본군 위안부 피해자 문제 해결을 촉구하는 시위 등이 브 란덴부르크문 앞에서 열리는 경우가 많다. 한국 관광객들 가운데 는 양복 등 점잖은 복장의 관광객들이 단체 사진을 찍는 경우가 종종 있다. 공직사회 인사들이다.

베를린은 공직자들이 출장이나 연수를 하기에 좋은 곳이어서 연말이면 공직사회 인사들이 몰려든다. 해 외에서 분단과 통일과 관련해 우리가 유일하게 더듬어 볼 만한 기 억을 간직한 곳이 독일이다. 분단이라는 사슬이 정치, 경제, 사회, 문화 등 모든 분야를 옥죄는 현실에서 공직자들이 독일이라는 창 을 들여다보는 것은 이상한 일이 아니다. 독일 통일의 흔적을 되 짚는 것은 오늘의 한반도에서 지혜를 짜내는 데 도움이 된다.

특히 베를린은 통일의 흔적이 오롯이 모인 도시다. 통일 관계 기관에만 해당하는 이야기가 아니다. 여러 부처, 정치권도 독일 을 유심히 탐구할 필요가 있다. 한반도 평화 체제 구축 및 통일 문 제는 우리 모두에게 연결되는 사안이기 때문이다. 물론 부작용도 있다. 베를린은 순수하지 못하게 '외유'가 목적인 일부 공직자들 에게 안성맞춤인 출장지이기도 하다. 독일 분단 및 통일과 관련한 베를린의 역사적 현장은 이 도시의 주요 관광지와 겹친다.

우리 정치권은 보수와 진보정권 가릴 것 없이 통일 문제와 관련해 베를린 등 독일을 중시했다. 가깝게 박근혜 정부 때는 '통일 대박'을 내세웠다. 박근혜 전 대통령은 베를린 등 독일을 방문해 드레스덴 공과대학에서 '한반도 평화통일을 위한 구상'인 '드레스덴 선언'을 발표했다. 문재인 대통령은 취임 직후 베를린 등 독일을 방문해 쾨르버 재단에서 한반도의 항구적 평화 정착을 위한 '베를린 구상'을 밝혔다. 이후 문재인 정부는 북한과 교류·협력의 문을 열기 위한 정책을 꾸준히 밀고 나갔다. 그 이전으로 거슬러 올라가면 김대중 전 대통령은 베를린에서 첫 남북정상회담과 6.15 공동선언의 출발점이 된 '베를린 선언'을 했다.

국가수반이 베를린 등 독일에서 대북정책의 기조를 발표하면, 정부 기관은 매년 베를린에서 관련 세미나나 포럼을 개최해 이를 기념한다. 더욱 국내 관계 기관 인사들이 베를린을 찾을 수 있는 명분이 된다. 이런 움직임은 독일 통일 사례를 국내에 알리고, 각 정권의 대북정책 기조를 확고히 하는 데 도움이 된다.

서독의 창의적 적성국 접근법

이런 경험이 한국 내의 변화로 이어지는 모습은 그리 흔하지 않은 듯하다. 베를린에서 실컷 통일의 살아있는 공간을 경험하고 돌아서는 인사 중에선 "한반도와는 환경과 조건이 매우 다르다"며 선을 긋는 듯한 인식을 보여주기도 한다. 분단기 독일과 현실의 한반도를 둘러싼 외부 환경이 다르다는 인식이 가장 크다. 지정학적 환경, 국제정치적 배경, 그리고 분단국 간 전쟁을 치른 역사적 조건에는 분명히 큰 차이가 있다. 특히 한반도에는 북핵 문제라는 최대 난제가 있다. 하지만 독일 통일을 연구하는 목적이 독일과 완전히 동일한 해결책을 찾는 것은 아니다. 차이 속에서도 비슷한 궤적을 발견해 새로운 길을 모색하려는데 의미가 있다. 특히 복잡한 국제 상황에서 서독 정부가 더욱 공을 들였던 소통의 노력이 우리에게 와닿을 수 있다.

분단기 독일은 어떤 환경에 둘러싸였고 어떻게 관계를 풀어나갔을까. 동서독은 한반도와 마찬가지로 외부 환경에 영향을 많이 받았다. 2차 세계대전에서 패전한 뒤 연합국인 미국, 소련, 영국, 프랑스 등 4개국에 의해 분할 점령된 탓이다. 서독은 미국, 영국, 프랑스의 영향을 많이 받았고 동독은 사실상 소련의 위성국 같은 위치였다. 폴란드도 2차 세계대전의 결과로 인한 영토 문제로 서독과 갈등을 내포하고 있었다. 서독이 동독과의 문제를 풀려면 주변국의 양해나 승인이 필수적이었던 것이다.

우선 서독은 우방국과의 외교를 탄탄히 했다. 중도 보수 성향의 콘라트 아데나워 총리가 집권한 시절에는 친서방 정책을 통해 미국의 동맹 관계를 굳게 다졌다. 이를 통해 서독은 소련의 팽창 정책을 막는 서유럽의 최전선 역할을 충실히 수행했다. 전승국인 영국, 프랑스를 상대로 나치 독일의 만행을 지속적으로 사과하는 등 과거사에 대한 반성과 청산 의지를 실천했다. 이를 통해 독일에 적대적인 감정을 품었던 영국과 프랑스 시민의 마음이 어느 정도 풀어졌다.

그러나 동독 등 동유럽 사회주의권과의 관계 개선은 요원했다. 분단의 고착화를 막기 위해 동유럽 국가들과의 관계 개선을 요구하는 목소리가 높아졌다. 결국 중도 진보 성향의 사회민주당 소속 빌리 브란트가 총리직에 오른 직후 동독 및 동유럽과의 관계 개선을 위한 신동방정책이 추진됐다. 다행히 당시 국제적인 환경이 서독에 유리하게 돌아갔다. 소련은 체코의 '프라하의 봄' 무력 진압으로 국제사회의 지탄을 받고 있었던 데다, 같은 공산주의권인 중국과의 국경분쟁까지 겪으며 여유가 없었다. 더구나 소련의 경제적 사정까지 악화되어 서독과의 관계 개선을 피할 이유가 없었다.

이런 대내외적 흐름 속에서 사회민주당은 1969년 총선에서 약진했고 기업 친화적인 자유민주당과 함께 연립 정부를 구성했다. 기업 자본 역시 평화와 공존을 선택한 셈이다. 브란트는 총리가 된 직후인 1969년 10월 28일 첫 시정 연설에서 동독 정권에 대한 인정과 동유럽 국가들과의 관계 정상화에 대한 의지를 밝히며 막대한 파장을 일으켰다.

이후 서독 정부는 소련을 상대로 세심하면서도 도박 같은 외교전을 벌인 결과, 양측은 1970년 8월 12일 상호 무력 포기 및 긴장 완화를 골자로 하는 모스크바 조약을 체결했다. 이 조약은 동서 긴장 완화의 기초를 닦은 이정표였다. 특히 서독은 동독과의 관계 정상화에서 유리한 고지를 점유하게 됐다. 소련의 변심으로 불안해진 동독은 협상장에 나올 수밖에 없었다. 결국 1972년 12월 동서독 화해와 교류 · 협력의 근간이 된 기본조약을 체결했다.

분단기 독일을 둘러싼 외부 환경은 한반도와는 상당히 다르지만, 주변국들의 이해관계를 풀지 않으면 당사국들의 문제도 풀리지 않는다는 점은 같다. 특히 서독 정부는 시행착오를 겪었지만,

결과적으로 합리적인 방식으로 돌파구를 찾았다. 과감하면서도 창의적인 외교 전략으로 우방국의 지지를 끌어내고 서로 창끝을 거누던 적성 국가들과 손을 마주 잡았다.

우리나라도 한반도를 둘러싼 주변국 외교에서 우방국과의 관계를 다지면서 중국, 러시아와 협력하는 것이 중요하다. 과거사를 둘러싼 갈등과 극우세력을 배경으로 한 일본의 경제적 도발 등으로 한일 관계가 삐거덕거리는 일이 숱하지만, 일본과의 관계 역시 미국을 포함한 우방국과의 공조 전선에서 중요하다. 물론 가장 중요한 열쇠는 북한과 미국과의 관계다. 이 지점에서 우리나라가 개입할 수 있는 여지는 크지 않았다. 그러나 북미 관계가 풀린다고 해도 이 과정에서 우리나라가 소외된다면 향후 남북이 중심이 돼 한반도 문제를 해결하는 데 걸림돌이 될 것이다. 이런 이유로 과감하면서도 창조적인 돌파구를 찾아야 한다는 주문이 끊임없이 나오고 있다.

서독이 동독에 접근하기 전 소련, 폴란드와 관계 개선을 하는 과정에서 내부 논란이 끊이지 않았다. 서독 정치권은 양분돼 치열한 신경전을 벌였다. 과감하면서도 창조적인 해법이 당시는 불안해 보이기도 했다.

브란트 총리는 바르샤바 조약에 서명하기 전, 폴란드 바르샤바의 2차 세계대전 희생자 위령탑 앞에서 참모진과 사전 협의도 하지 않은 채 '털썩' 무릎을 꿇고 눈물을 흘렸다. 서독의 정치 지도자가 진심 어린 화해를 청하고 있다는 메시지를 전달한 것이다.

이 광경은 과거 침략자였던 독일에 대해 여전히 싸늘했던 폴란드인의 마음을 조금이나마 녹였다. 언론 매체를 통해 전 세계로 타전돼 서독이 나치 독일의 그늘에서 벗어나 과거사를 반성하고 있다는 점을 명백히 알렸다. 그러나 적지 않은 서독 시민은 브란트 총리의 돌발적인 행동에 당혹해 했다. 특히 보수 정치권의 반발이 거셌다. 서독 정부는 이런 반발을 예상했지만 과감한 외교정책을 통해 갈등을 정면 돌파한 것이다.

당시 탈동독민, 실향민 단체도 신동방정책에 비판적이었다. 모스크바 조약과 바르샤바 조약은 동독과 폴란드의 접경인 오데르-나이세 경계선을 폴란드의 서부 국경으로 인정하는 내용을 담았다.

2차 세계대전 전에는 독일 영토였던 오데르-나이세 동쪽의 슐레지엔 지역을 폴란드 영토로 인정하는 것이었다. 실향민들이 고향 땅을 공식적으로 잃게 되는 결정이기도 했다. 더구나 오데르-나이세 경계선을 국경으로 규정하는 것은 사실상 동독을 국가로 인정하는 셈이라고 탈동독민과 실향민이 반발했다. 또한 서구의 민주주의와 자유를 위협하는 것이라며 거세게 비판했다.

실향민 출신인 사회민주당 헤어베르트 후프카 의원은 신동방정책에 반기를 들고 탈당하여 집권당에 부담을 안겨 줬다. 탈동독민과 실향민 단체는 동독 정권의 인권탄압 문제를 계속 이슈화하며 집권 여당과 대척점에 섰다. 이에 집권 세력은 탈동독민 단체를 압박했다. 탈동독민 단체에 대한 지원 예산을 삭감해 활동에 지장을 줬다.

대외 정책 이견 있어도 배려 · 대화는 기본

브란트 총리는 1970년 4월 탈동독민 단체 지도부와 만나 대외 정책 방향에 대해 설명하면서, 이는 평화를 위한 것이고 통일이 정부의 확실한 목표라는 점을 주지시켰다. 탈동독민 단체도 정부가 통일이라는 목표로 잃지 않아야 한다고 견제하면서도 교류 확대 자체에 대해선 호의적인 태도로 바뀌었다.

브란트 총리는 신동방정책에 대해 비판적인 자세로 일관한 야당에 대해서도 손을 내밀었고, 야당도 정부의 입장을 배려하는 유연성을 보였다.

1970년 3월 19일 에어푸르트에서 개최되는 동서독 1차 정상회담 3일 전 브란트 총리는 기독민주당 대표인 라이너 바르첼을 초대해 회담했다. 정상회담 직후 바르첼 대표는 회담에 관한 내용 보고와 질의를 위해 열린 의회 회의에서 기독민주당 · 기독사회당 연합은 정상회담 개최를 지지하고, 회담의 진행을 방해할 생각이 없다고 말했다.

바르첼 대표는 이후 회고록에서 당시 브란트 총리에게 '정상회담에서 구체적인 성과를 가져와야 한다고 압박하거나, 성과가 없다고 해서 이를 기뻐하고 이용할 일은 결코 없을 것'이라고 말했다고 술회했다.

같은 해 5월 22일 카셀에서 열린 동서독 2차 정상회담이 끝난 뒤 브란트 총리는 기독민주당 · 기독사회당 연합의 주요 의원들을 초청해 정상회담 경과에 대해 설명하며 야당과 소통했다. 물론 2차 정상회담을 놓고 여야는 엇갈린 평가를 내놓았다.

야당은 '정책에 통일 목표가 분명히 포함되지 않았다'라며 날을 세웠다. 여야가 각각의 정당 정체성에 기반해 입장을 분명히 하면서도 상대를 존중하며 대화하려는 노력은 당시에도 갈등 관리 능력이 작동하고 있었음을 방증해 준다.

베를린에 있는 빌리 브란트 전 서독 총리 묘비.

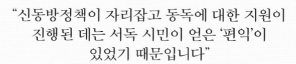

데틀레프 퀸
— 전(前) 전(全)독일문제연구소장 —

"신동방정책이 자리잡고 동독에 대한 지원이 진행된 데는 서독 시민이 얻은 '편익'이 있었기 때문입니다"

친기업정당인 자유민주당 소속의 데틀레프 퀸은
1972년부터 1991년까지 우리나라의 통일연구원 격인
전독일문제연구소의 소장직을 맡았다.
2019년 1월 베를린 인근 그의 자택을 찾았다.

자유민주당 소속인 한스 디트리히 겐셔가 18년간 외무장관직을 유지한 것이 대동독 정책의 일관성에 어떤 역할을 했나요?

"특정 정당에 소속된 한 사람이 18년간 계속 외무장관직을 수행했기 때문에 정책의 일관성이 있을 수밖에 없었어요. 그렇지만 자유민주당은 연립정부 내 소수파였죠. 때문에 연립정부 구성이 바뀌면 겐셔의 입장에도 영향을 주게 됩니다. 사회민주당과의 연립정부에서 겐셔는 전략적 기지를 발휘해 빌리 브란트 총리의 신동방정책을 충실히 이행했어요. 기독민주당·기독사회당 연합이 연립정부 다수파일 때는 신동방정책에 대한 입장이 예전만큼은 아니었고요. 통일 당시 총리를 맡았던 헬무트 콜 정권 때도 겐셔는 외무장관이었지만 콜이 베를린 장벽 붕괴 후 '통일 독일을 위한 10개항'을 발표했을 때 겐셔가 사전에 전달받지 못하는 일이 벌어지기도 했습니다."

신동방정책이 추진된 배경은 무엇인가요?

"배경 중 하나는 동독 체제가 서독 시민들의 생각 이상으로 굳건했기 때문입니다. 동방정책을 추진하기 전까지 서독 정부는 동독 정부를 인정하지 않고 백안시했어요. 소련의 꼭두각시로 치부했죠. 그래서 동독과 대화할 필요가 없다고 생각했는데, 허수아비 정권이라 여겼던 동독 정부가 베를린 장벽을 세우고 저항하는 시민들을 죽였어요. 동독 체제가 흔들리지 않고 위협으로 다가오자 서독 시민들은 충격을 받고 대화에 나서게 된 겁니다."

동방정책 추진 과정에서 동독에 대한 서독의 경제적 지원이 과도하다는 비판도 있었는데요.

"동독을 지원한 만큼 서독이 상응하는 대가를 받지 못했다는 게 주로 지적됐죠. 서독 정부 측은 동독인의 인권에 실질적인 신장을 가져왔다는 점을 대응 논리로 내세웠습니다. 정치적 진통 끝에 신동방정책이 자리잡은 후 동독에 대한 지원이 큰 반발 없이 진행될 수 있었던 것은 서독 시민이 얻은 가시적인 '편익'이 있었기 때문이에요.

서독과 서베를린을 연결하는 동독 지역 내 고속도로에 서독이 자금을 투자하면 편익을 서독 시민이 가져갈 수 있었던 것이죠. 복잡하지 않은 논리로 설득이 가능했습니다. 여야 정당을 막론하고 당연히 서베를린 시민의 지지를 추구하잖아요. 야당의 반대도 약할 수밖에 없었어요. 상상력을 작동하도록 하고 낙관적인 전망을 갖도록 하는 것은 현상 유지에 안주하는 것보다 항상 어려운 과제예요. 그렇기 때문에 서독은 동독과의 교류·협력이 강화할 수 있도록 끊임없이 노력했어요. 동독에 관심이 없던 서독 사람도 동독을 방문했을 경우 '프랑스로 여행 갔을 때와 달리 우리말이 통하니 편하네'라며 좋은 점을 보게 됩니다. '왜 동독 사람들은 우리보다 못 살지'라는 느낌도 받으면서 같은 민족으로서 함께 잘 살아야 한다는 연대 의식도 생겼고요. 이런 과정을 통해 변화가 일어난 것이죠. 민간교류가 해답입니다."

신동방정책 추진을 놓고 브란트 총리에 대한 불신임안 제출과 기본조약에 대한 위헌 소송이 벌어지는 등 갈등이 극에 달했는데요.

"결정적인 시기였습니다. 민족주의적인 통일 논의가 우선돼야 한다는 주장과 유연하게 교류·협력을 통해 관계 정상화를 우선시해야 한다는 주장이 맞붙었어요. 더 이상 정치적인 타협이 불가능했던 시기였습니다. 1973년 7월 31일 기본조약에 대한 헌법재판소의 합헌 결정이 대치 상황을 푸는 데 중요한 고비였죠. 앞으로 정당을 포함한 모든 정치적 행위자들이 통일문제에 접근할 때 지켜야 할 최소한의 합의를 헌법적으로 정리한 중요한 결정이었습니다. 헌법재판소는 사회민주당과 자유민주당 연립정부의 신동방정책이 정당하다는 합치 결정을 내리면서도 그 추진 과정에서 통일 추구 의무를 버려서는 안 된다는 논리를 제시해 갈등이 계속될 수 있는 범위를 제한했어요. 야당이 정책을 자유롭게 개진할 수 있는 공간을 마련해 준 것이었죠."

한국 사회에 해주고 싶은 말은 무엇인지요.

"한국 체제와 사회에 대한 자 　　　　　신감에 기반해 전향적인 사고를 해야 합니다. 서독은 신동방정책 이전부터 단 한 번도 동독으로 가는 통행을 막은 적이 없었어요. 실제 동독으로 갈 수 있느냐의 여부를 떠나 법적으로 제한을 두지 않았죠. 결국 동서독 간 협상을 통해 동독 지역으로 여행을 갈 수 있는 토대가 됐죠."

— 4부 —

즐거운 갈등, 공존의 기술

베를린은 '기억의 도시'다.
부끄러운 기억을 여실히 내보인다.
현재의 첨예한 갈등도 기억 속에서 처방전을 찾는다.

힘겨운 도전 과제들이 눈앞에 속속 나타나지만,
생산적인 논쟁의 경험으로 독일 사회는
지금도 '갈등 능력'이 성장하고 있다.

1_ 베를린에서 북한 학생과 대화하면 불이익?

2020년 1월 25일. 베를린자유대 계절학기인 푸비스 프로그램의 종강식장은 떠들썩했다. 젊은이들이 2주간 힘겨웠던 학습 프로그램을 마치고 헤어지는 현장이니 그럴 수밖에 없었다. 수업을 같이 들었던 북한 김일성종합대학 학생들과 남측 학생들이 마지막으로 함께하는 자리였다.

와자지껄한 '이별', 아니 '미래의 기약'을 나누는 모습을 취재차 지켜보다가 남측 학생 중 다소 연장자로 보이는 학생에게 다가갔다. 김일성대 학생들과의 추억담을 들을 수 있었다. 이 학생은 강의실에서, 기숙사에서, 견학 프로그램을 통해 북한 학생들과 간간이 대화를 나눌 수 있었다. 북한 학생들에게 스스럼없이 다가서는 게 어렵지 않았단다. 같은 언어를 사용하고, 같은 민족이라는 점이 자연스러운 대화의 배경이 됐다.

문득 그 학생이 북한 학생들과 대화한 게 문제가 되지 않는지, 당국에 신고하지 않아도 되는지 조심스럽게 물어 왔다. 정말 궁금한 어투였다. 학사장교 시험에 합격한 상태라서 불이익을 받을지 걱정이 된단다.

계절학기에서 만난 북한 학생들, 신고해야 하나요?

학생에게 우리 당국은 남북 학생들 간에 대화가 원활하게 이뤄져 교류·협력 사업의 명분을 얻으려 하기 때문에 전혀 문제되지 않을 것 같다고 이야기해 줬다. 남북교류협력법상 원칙적으로 북한 주민과 접촉하기 전에 신고하는 게 의무다. 그러나 예상치 못한 만남이었다면 사후 신고를 해도 된다. 김일성대 학생들의 베를린 자유대 연수는 우리 정부가 상당히 관심을 갖고 지켜본 사업이었다. 북미 간 비핵화 협상의 교착 국면이 장기화하는 상황에서 마련하기 쉽지 않은 행사이기 때문이다. 한반도에서 남북 간 교류·협력이 진척을 이루지 못한 가운데 베를린에서라도 작은 물꼬라도 터보려는 의도가 깔려 있었다.

북한 학생들과 대화를 해도 문제가 없는지 우려한 것은 이 학생뿐만이 아니었다. 괜스레 문제가 될까봐 북측 학생들에게 아예 말을 걸지 않은 학생들도 있었다. 남측 당국도 이 지점까지는 신경을 쓰지 못한 듯했다. 김일성대 학생들이 북한으로 돌아간 후에 남측 당국은 학생들에게 연락을 취해 신고 문제를 고지해주려 했다. 하지만 베를린자유대로부터 남측 학생들의 연락처를 받지 못했다. 독일에서 개인정보 보호에 관한 관련 규정이 걸림돌이었다. 남측 학생들이 재학 중인 대학에 협조를 요청하는 것 외에는 학생들에게 고지할 길이 없었다. 베를린자유대 계절학기 프로그램은 몇몇 대학을 통해 모집했었기에 이들 학교를 통해 참가 학생들의 신상 정보를 갖고 있었다.

발상의 전환으로 과감하게 다가서기

남측 학생들이 신고하지 않았다면 법적으로 괜찮은 것일까. 정부

브란덴부르크문을 방문한 김일성대 학생들.

관계자의 말을 들어보면 현실적으로 문제삼기 어렵다고 한다. 특정한 의도를 갖고 일부러 만난 것도 아니고 자연스럽게 접촉이 이뤄졌기 때문이란다. 법 적용을 엄격하게 할 필요가 없다는 것이다. 해외의 북한 음식점에 식사하러 갔다가 북측 종업원과 잠깐 대화를 나눴다고 신고할 수는 없는 노릇이다.

베를린에서 남북 학생들의 접촉은 남북교류협력법 규정이 현실과 맞지 않는다는 것을 보여준다. 이미 체제 경쟁에서 남측이 이긴 데다 북한과 교류·협력의 모세포를 끊임없이 만들어야 하는 상황에서 남북교류협력법의 접촉 신고 규정은 오히려 걸림돌이 되고 있다. '서독의 기억'을 연재하면서 독일 현대사의 거인들에게 남북 간 접근 및 교류 문제에서 도전적인 여러 제안을 들었다. 발상의 전환이 필요하다는 것이 요체였다.

김일성대 학생들을 취재하기 전에 만난 게르하르트 슈뢰더 전 독일 총리도 마찬가지였다. 슈뢰더 전 총리는 정치적으로 '승부사'라는 평가를 받아왔다. 그는 남북관계에 대해서도 승부사의 기질로 조언을 건넸다. 인터뷰 한 달 전인 2019년 10월은 평양에서 열린 남북 축구대표팀 간 2022 카타르월드컵 아시아 2차 예선전의 방송 중계료 문제를 놓고 논란이 벌어진 시점이었다. 국정감사에서 유엔 제재로 북한에 현금을 줄 수 없어 중계가 무산됐다는 주장이 정치권에서 나오면서 논란이 일었다.

이를 놓고 슈뢰더 전 총리는 "남측이 북측과 중계권료 협상에 적극적으로 나섰을 때 유엔 제재 위배 논란이 있을 수 있지만, 정치적 리스크를 감수하고 진전을 모색해볼 기회가 아니었는지 생각해 보게 된다"라고 말했다. 과감하게 방송 중계를 시도해 남북 관계에 새로운 돌파구를 마련했어야 했다는 취지로 해석됐다.

앞서 데틀레프 퀸 전 전독일문제연구소장이 당국에 신고 없이 북한으로 가는 자유 방문을 허가해야 한다고 조언했던 것을 소개한 바 있다. 이런 조언들이 실천되면 '작은 발걸음'이 될 수도 있는 여건이 한반도에서 조성될 수 있다. 물론 한반도 사정을 잘 모르는 한가한 소리라고 비판이 제기될 수도 있다. 한반도 문제는 당사자인 북한의 태도, 주변 4강 등 국제사회의 반응, 국내 여론 등이 모두 중요한 변수다. 작은 문제로 큰 문제가 야기되기도 한다. 분단 이후 이산가족들 간에 우편 교류가 이어지고 인적 교류의 여지도 넓었던 독일과는 사정이 다르다. 그러나 독일 인사들은 작은 교류들이 이어지면서 교류의 폭이 넓혀졌다는 것을 체득했다. 그렇기 때문에 독일에서 나온 모든 조언들이 어떻게 해서든 접근을 해야 한다는 취지와 연결된다. 앞서 인터뷰로 소개한 하르트무트 코시크 전 연방의원은 필자들과 만난 자리에서 당연하면서도 중요한 이야기를 다시 강조했다.

"독일은 군사적인 긴장과 체제 경쟁 속에서도 어떻하든 인적 교류가 이어지면 긴장이 완화된다는 것을 동서독 관계 등 현대사를 통해 경험했습니다. 동독으로 향하는 서독 여행객이 늘면서 양측 간 긴장이 완화될 수밖에 없었습니다. 남북한 간에 일반인의 왕래든, 전문가들의 만남이든 인적 교류가 활성화되면 양측 간 접근이 더욱 이뤄지고 연결망이 촘촘히 짜일 것입니다."

2_ 동독의 유행어 '바보들의 골짜기'란?

서독 TV를 보며 꿈꾼 '타인의 삶'

요즘 20~40대 독일인들에게 '바보들의 골짜기'라는 말을 아느냐고 물으면 대부분 고개를 갸우뚱한다. 한때 동독에서 크게 유행했던 말이라고 설명을 한들 그 뜻을 제대로 짐작하는 사람이 드물다. 이 표현을 기억하는 사람은 우선 분단기에 동독 지역에서 태어나 자랐을 가능성이 크다. 적어도 50세 이상의 중장년층 세대에 속할 것이다. 통일 이후 '바보들의 골짜기'라는 말은 슈퍼마켓에서 동독 제품이 사라지는 것보다 빨리 잊힌 듯했다. 유행어는 갑자기 등장하는 만큼 강한 휘발성을 지닌다. 하지만 유행어에는 해당 시점의 고유한 집단적 기억이 압축된다는 특별함이 있다. 그 유행어 자체는 기억 속에서 사라졌지만 그 말이 함축한 분단의 경험은 현재에도 긴 그림자를 드리우고 있다.

'바보들의 골짜기'는 동독에서만 통용했던 말이었다. 당시 서독 방송 전파가 동독 지역으로도 흘러서 동독 TV로 서독의 방송 프로그램을 시청할 수 있었다. 흑백으로 나오지만 별도의 장치를 달면 컬러로도 볼 수 있었다. 서독 TV 프로그램은 동독에서 인기가 좋았다. 드라마와 오락 프로그램이 특히 그랬다. 자연스럽게 동독 사회의 문화 트렌드에도 영향을 미치게 됐다. 서독 TV 프로그램을 시청하지 못하는 시민들은 문화적으로 소외될 수밖에 없었다. 분지 지형인 동독 드레스덴 지역과 서독에서 멀리 떨어진 북쪽 해안가 그라이프스발트 인근 주민들은 서독 방송을 시청하기가 어려웠다. 동독 당국의 통제 하에 있는 공식 채널만을 볼 수 있었다. 이들이 사는 지역을 '바보들의 골짜기'라고 부르는 유행어가 생길 정도로 동독 주민들에게 서독 방송은 일상의 중요한 부분이었다.

동독 당국이 이를 손놓고 보고만 있었던 것은 아니다. 분단 체제가 공고하던 1950~1960년대에 동독 당국은 서독 방송 시청을 막고자 갖은 애를 썼다. 억압적인 체제일수록 외부 정보의 유입을 막고 정보를 통제하려는 것은 당시의 동독이나 지금의 북한이나 마찬가지였다. 동독 주민들은 법적, 사회적 처벌을 감수하면서까지 서독 방송을 시청하는 데 두려움을 느꼈다. 그러나 두려움이 호기심을 이기지 못했다. 1980년대에 가까워질수록 서독 TV와 라디오를 접하 ● 지 않는 주민들이 거의 없을 정도였다. 여기에는 서 독 정부가 추진하던 신동방 정책의 진전이 큰 영향을 미쳤다. 심지어 동독 TV의 저녁 뉴스 앵커는 시청자들이 이미 서독의 TV 뉴스를 봤을 것이라는 가정 하에 멘트를 보내기도 했다. 더욱이 동서독 관계의 정상화가 진행되는 상황에서 동독 당국도 대놓고 엄격한 처벌을 고집하기가 어려웠다. 동독의 사회주의통일당도, 슈타지도 이런 현실이 쓰디썼지만 묵인할 수밖에 없었다.

독일이 동서로 나뉜 뒤에도 사람과 물자의 왕래는 양측을 연결하는 끈이 됐다. 무엇보다 엄청난 양의 이미지와 언어가 매일 방송 전파를 타고 동서독 사회를 실시간으로 연결했다. 서독 TV와 라디오는 동독 방송이 알려주지 않는 소식을 전파했다. 오락프로그램과 영화, 상품 광고는 국경과 이념이 막고 있는 장벽 너머에

또 다른 삶의 방식이 존재한다는 사실을 알려줬다. 잊을 만하면 선물을 들고 방문하는 서독 친척의 일상이기도 했다. '분단되었어도 우리는 한 민족'이라거나, '동독의 현 체제는 문제'라고 누군가 나서서 주장할 필요도 없다. 훨씬 자연스러운 방식으로 동독 주민들의 내면에 통일이나 체제에 대한 문제의식이 스며들었다.

신동방정책을 추진했던 사회민주당에서 기독민주당 · 기독사회당 연합으로 정권이 넘어간 1982년 말 직후, 동독 시민을 대상으로 비밀리에 이뤄진 인프라테스트의 조사 결과, 동독 시민의 61%는 서독의 대동독정책이 일관되게 추진될 것이라고 응답했다. 일관될 것이라는 서독 시민의 응답(73%)보다는 낮았지만, 큰 차이가 없을 정도로 서독 상황에 대한 동독 시민의 인식은 밝았다.

'바보들의 골짜기'라는 유행어가 만들어진 배경을 이러한 맥락에서 곱씹어 보자. 이 말은 단순히 서독 TV 방송을 보는 동독 사람이 많아졌다는 것만을 의미하지 않는다. 서독 TV를 못 보면 우물 안 개구리가 되고 만다는 사회적 인식을 담고 있다. '넌 지능이 떨어져'라는 식의 유치한 비난이 아닌, '왜 당신은 다들 아는 것도 모른 채 바보같이 삽니까'하며 답답해 하는 마음에서 나온 표현이다.

서독 방송 난시청지역을 굳이 '바보들의 골짜기'라고 불렀다는 사실은 동독 사람들의 내면에 작지만 혁명적인 변화가 쌓여가고 있었음을 역설한다. 그러한 변화를 감지할 수 있었던 서구 전문가들은 드물었다. 동독 정권 수립 초기의 저항을 제외하면 이제 동독은 체제가 공고해졌고 표면적인 반발이 사그라든 것처럼 보였기 때문이다. 슈타지를 위시한 감시 체계는 저인망 그물 같았다. 일반 시민들은 대부분 체제에 순응하는 것만 같았다. 동독의 억압적인 체제에서 저항이 일어날 것으로 전망하기 어려웠다. 심지어 동독 체제의 파수꾼들도 서독 방송에 대한 시청 확산이 내포하는 위험을 제대로 감지하지 못했다.

그 사이 보통 시민들의 내면에는 새로운 삶과 사회에 대한 갈망이 차올랐다. '바보'가 아니라 '무엇이 중한지를 아는' 사람들이 어느새 다수를 차지했다. 1980년대 말 세상이 어떻게 뒤집히고 있는지, 왜 지금이 다시없는 기회인지 알 수 있었던 것도 무엇보다 서독의 미디어를 통해서였다. 그 시작은 미약했다. 동독 내 한 줌의 저항 세력이 일으킨 소규모 집회였다. 여기에 전혀 예상치 못한 규모로 대중이 합세한 것이다. 누가 주도했느냐를 따질 수 없을 만큼 너나 할 것 없이 평화 시위에 앞장섰다.

1989년 가을 라이프치히를 필두로 일어난 산발적인 민주화 시위는 순식간에 동독 전역으로 들불처럼 퍼지면서 대규모 집회로 전개됐다. 불과 수개월 전인 1989년 6월 중국 당국은 북경 천안문 광장의 평화적 시위를 폭력적으로 진압했다. 이같은 충격적인 소식은 동독에도 곧바로 타전됐다. 대학생이 주축이었던 천안문 시위는 일반 대중의 전폭적인 참여로 확대되지 못했다.

민주투사들의 헌신에도 중국 체제에 변혁이 일어나기는커녕 기존 체제가 더욱 공고해졌다. 그러나 서독 방송이 생생히 전한 천안문의 참상도 동독 시민들을 주저앉히지 못했다. 이들을 버티게 해준 것 중 하나는 매일 저녁 TV에서 보았던 다른 삶에 대한 구체적인 이미지가 아니었을까? 동독에서는 오히려 시위에 동참하는 사람들이 늘어 갔다.

애초에 동독 체제의 파수꾼들은 천안문 사태의 선례를 따라 무력 사용을 준비했다. 그러나 변혁을 요구하는 이들의 압도적인 숫자는 체제 수호자들의 의지를 꺾었다. 단지 시위 방식이 평화적이었기 때문이 아니라, 무엇보다 거리에 나선 이들이 절대적 다수였기 때문에 혁명은 성공할 수 있었다. 대중(mass)을 거리로 부른 데에는 대중미디어(mass media)의 역할이 컸다. 동독 체제의 지배층이 자발적으로 시민들에게 평화를 선물로 준 것이 아니었다. 거리에 나선 절대 다수의 시민들이 평화를 스스로 쟁취했다. 1989년과 1990년에 걸쳐 동독 주민 스스로 비밀경찰과 독재정권의 지배를 무너뜨렸기에 이 역사적 사건을 '평화혁명'(Friedliche Revolution)이라는 고유명사로 부르게 됐다.

장벽을 무너뜨린 핵심 주인공은 동독 주민

"우리가 (헌법적 주권자로서의) 국민이다!"(Wir sind das Volk) 동독의 시위대가 외친 구호다. 동독을 다시 민주주의 사회로 개혁하자는 의미다. 이 구호는 점점 "(동서독 국민을 아우르는) 우리는 하나의 민족이다!"(Wir sind ein Volk)로 바뀌어 갔다. 통일을 염원하는 목소리가 커진 것이다. 거리로 나선 동독 주민들은 서독 미디어에서 접했던 서독 주민들의 삶을 자신도 누릴 것만 같은 꿈을 꾸었다. 서독 사람들의 보통의 삶, 보통의 일상이 동독의 보통 사람들을 움직였다. 그 일상의 모습도 정치가의 연설이나 학술 서적이 아니라 미디어가 알려 주었다.

물론 동독 주민들은 꿈꾸던 삶을 모두 이룰 순 없었다. 브라운관에서 보이는 삶은 신기루와 같은 타인의 삶이었다. 동독 주민들은 그러한 삶을 살기 위한 조건과 과정이 무엇인지 몰랐다. 반면 서독 주민들은 동독 사회에 대해 놀라울 정도로 무관심했다. 동독 주민들의 욕구와 현실적 조건, 한계를 이해하지 못했다. 이는 통일 이후 예상하지 못한 문제들을 불러왔다.

그럼에도 중요한 것은 동독 주민들이 부분적으로나마 자신의 손으로 꿈을 이루었다는 점이 아닐까? 조작되고 통제된 현실이 앞을 가로막았지만 이를 무너뜨리고 꿈을 실현해 나간 것이다. 그 꿈이 독일 통일이건, 독일사회주의통일당 독재의 종식이건, 개인적 삶이건 말이다. 개인과 공동체로서 역사를 바꿨던 자기실현의 기억은 앞으로도 옛 동독 주민이 갖는 자긍심의 근거로 작용할 것이다. 사회과학에서 자기효능감으로 불리는 역사에 기초한 자신감은 다른 위기가 닥쳤을 　　　 때도 극복의 에너지로 전환될 수 있다.

언젠가 북한 지역이 개 　　　 방된다고 상상해보자. 지금 옛 동독 지역 이상으로 북한 사회에는 엄청난 문제와 현안들이 산적해 있을 것이다. 만일 우리가 북한 사회와 주민들을 대상으로 그 문제의 원인만을 찾는다면 해결은 어렵다. 독일 통일 이후 나타난 동서 간 갈등보다 더 큰 문제점이 남북 간에 반복될 가능성이 크다.

통일 후 독일 사회에서는 사회주의에 익숙한 동독 주민들이 불평만 가득하고 문제 해결에 수동적일 거라는 편견이 오랫동안 퍼져있었다. 그러나 분단기 동독 사회에 만연한 생필품 공급 부족 때문에 주민들이 오히려 더 창의적으로 해결책을 찾는 능력을 발휘했다는 연구 결과도 있다. 구체적인 차이를 십분 감안해야 하겠으나 억압적 체제 속에서 살아가는 북한 주민을 수동적 대상으로

만 보아서는 안 된다는 방증이다.

북한의 산적한 문제를 해결하는 주체가 결국 북한 주민이어야 한다는 점을 인식할 필요가 있다. 그들이 자긍심을 느낄 뿐만 아니라 우리에게도 보편적인 공감을 줄 수 있는 공통분모를 발굴해야 한다. 독일 사회가 통일 후 지난 30여 년의 혼란 끝에 깨달은 지혜다.

●

롤란트 얀
— 독일 슈타지문서기록소 소장 —

" 동독 주민의 희생으로 민주주의가 쟁취됐지만,
한순간에 몰락할 수 있으므로 열린 사회를
계속 가꿔가야 합니다"

롤란트 얀은 동독 비밀경찰인 슈타지가 주민을 불법 감찰한
기록을 보관 및 연구하는 슈타지문서기록소의 소장으로
연방정부 특임관(장·차관급)이다. 동독 언론인으로 반체제 활동을
하다가 체포된 후 1983년 화물트럭에 실려 서독 지역으로
내동댕이쳐 졌다. 2019년 11월 그를 만났다.

●

동서독 교류·협력의 흐름 속에서 미디어 교류도 이뤄졌는데, 서독의 과감한
개방 정책도 큰 역할을 했던 것 같습니다. 서독 체제에 대한 자신감이 뒷받
침됐기 때문으로 봐야 할까요?
"서독에서 동독 방송을 시청할 수 있는 지역이 있었는데, 프로그램이 재미
없는 탓인지 관심이 없었습니다. 반면 동독 주민이 서독 TV를 즐겨 시청한
것은 익히 알려진 사실이죠. 동독 사람들이 서독에 대해 아는 것만큼, 서독
사람들은 동독에 대해 몰랐다는 게 문제였습니다. 서독 당국은 동독의 체
제 선전이나 방송이 서독 시민에게 특별히 어떤 영향을 미칠 것이라고 우
려하지 않았다고 보면 됩니다."

옛 동독 지역에서 극우 성향 정당인 '독일을 위한 대안'(AfD)이 약진하는 상
황이나, 동독 지역 주민들이 자신들을 '2등 시민'이라는 자조 섞인 말을 하

는 이유 등을 경제적 격차 외의 요인으로도 설명할 수 있을까요? 옛 동독 시절 인권 탄압 등 잘못된 점은 부정되어야 하지만, 전체적인 동독 시민의 삶에 대한 기억까지 무시되는 점이 부정적인 영향을 끼치지 않았는지 궁금합니다.

"과거가 현재에 영향을 미치고 있습니다. 동독 사회는 권위주의가 강한 국가였어요. 개인이 국가에 의존하게 만드는 체제였죠. 이런 관습 때문에 자유주의 시대를 맞이해 국가에 대한 기대가 무너지는 경험을 하게 된 사람들이 생겨나기도 했고요. 역동적인 시민사회에 대한 경험과 인식이 부족한 것이었죠. 정말 과거가 어떤 이유로 현재에 영향을 미치는 지에 대해서는 더 엄밀한 학문적인 검증이 필요합니다. 동독 시절을 경험한 중장년층뿐만 아니라 청년 세대를 상대로도 연구해야 해요. 청년 세대가 AfD에 투표하는 성향이 커지고 있기 때문입니다."

개인적으로 동독 지역에서 왜 온다고 보시는지요? **AfD에 대한 지지율이 높게 나**

"밖에서는 체제에 순응하는 척 하다가 비밀이 지켜지는 가정에서는 불만을 이야기하는 게 동독 사회의 전반적인 분위기였어요. 비겁하거나 억압에 체념하며 살던 부모들을 보고 자란 세대가 지금의 30~50대이고요. 이와 달리 새로운 장벽 세대는 '부모처럼 할 말 못하고 살지는 않겠다. 내 주관을 이야기하면서 살겠다'라고 말하죠. 사람들이 주관을 갖고 이야기하는 것이 민주주의의 기초라고 봅니다. 그런데 1990년대 언론인으로 계속 활동할 때 부각됐던 문제는 정치적 진공 상태에 있던 옛 동독 지역의 청년들이 극우 이데올로기에 빠져 신나치가 되는 현상이었어요.

직접 취재를 해보니 '부모 세대는 독일인이라 자랑스럽다는 이야기를 하지 못했는데, 나는 하고 싶다'는 의식이 자리잡고 있더군요. 폭력성으로 흐르는 것에는 경계해야 하지만, 표현의 에너지가 나타나는 현상은 긍정적으로 봐야 합니다. 적어도 이런 현상을 통해 동독 지역 시민의 정치적 참여 의사가 적극적으로 표현되고 있다는 측면 자체는 긍정적으로 봐야 합니다. AfD

에 대한 투표 성향도 이런 관점에서 바라볼 수 있는 거죠."

통일 직후 옛 동독 지역에 살던 부모들이 실직의 고통을 당하는 것을 자녀 세대들은 보고 자랐습니다. 이런 기억이 사회에 대한 불만으로 전이되는 것은 아닌지요? 자녀 세대들은 경제적으로 넉넉지 못한 환경에서 컸을 수 있습니다. 옛 서독 지역 시민들과의 격차, 출발점에서의 불균형 등에 대한 문제의식을 느낄 수도 있지 않을까요?

"전반적인 경향은 아닙니다. 그런 사례들도 있지만 반대 사례도 많아요. 부모 세대는 동독의 향수를 잊지 못해 '2등 시민'이라는 생각을 갖고 여전히 변두리로 자신을 밀어내기도 하지만 젊은 세대는 새로운 기회를 잘 활용하고, 선도적이고, 개방적입니다. 통일 후 미국으로 유학을 가는 등 다양한 사례가 많습니다. 특히 통일 후 30년이 지난 시점에서 젊은 층들이 그런 불만을 가졌다고 하는 건 적절하지 않은 이야기죠. 그런 식의 결핍은 젊은 세대에 해당되지 않는다고 봅니다.

이 문제를 이분법으로 봐서는 안 됩니다. 쉬운 설명을 얻으려는 목적으로 보편성을 찾아서는 안 되고, 오래 걸려도 개별적이고 상충적인 상황을 고찰한 뒤 얻어지는 보편적인 이야기를 찾아야 해요. 통일 후 각 세대는 많은 변화를 겪었습니다. 물가도 달라지고 문화적 가치 체계도 바뀌었어요.

내 경우 동독에서 추방돼 서독에 도착했을 때 다른 행성에 온 것 같았습니다. 동독 체제에 저항했던 사람 입장에서도 이런데, 통일 후 보통 시민들은 충격이 더 클 수밖에 없는 거죠. 동독이 서독보다 항상 나쁜 것도 아니거든요. 개별적 사례이지만 주거비 부분에서 동독 당국이 제공한 주택에 살았던 시민들은 통일 후 임대료가 소득의 3분의 1에 달하는 현실에 아직도 낯설어합니다. 하지만 과거 동독 주민이 당국으로부터 제공받은 주거 환경은 상당히 낙후돼 있었어요. 보기에 따라 과거에 대한 좋고 나쁨의 판단이 다를 수 있는 것이죠. 그렇기 때문에 보편성을 찾기 위해서는 개별적인 사안에 대한 고찰이 필요합니다."

통일 후 동독 지역에서 민주주의 체제가 가동된 지 30년 정도 흘렀습니다. 더 노력해야 할 점은 무엇이라고 생각하십니까?

"독재사회에서 민주사회로의 전환은 일순간에 가능하지 않습니다. 수십 년이 지나야 문제점이 극복될 수 있어요. 인위적으로 전환이 가능하지 않은 것들이 있기 때문이죠. 특히 역동적이고 건강한 시민사회가 민주주의의 근간인데, 동독에는 이런 시민사회가 형성될 수 없었습니다. 통일 후에도 시민사회의 역량이 축적되고 시민들이 참여해야 건전한 비판을 할 수 있는 것이죠. 정치교육을 강화해 시민들이 민주 사회를 만들기 위해 더 적극적으로 더 많은 노력을 기울여야 하는 것은 당연합니다. 다시 강조하지만, 시민사회의 역량은 하루 이틀 안에 생기지 않습니다."

베를린 장벽 붕괴 기념일 때 어떤 생각이 드시는지요?

"과거의 경험을 관례적으로 기 념하는 데 그쳐서는 안됩니다. 이와 연관된 현재의 문제가 무엇이고 미래에 어떤 문제를 낳을지 성찰하는 기회로 삼아야 하죠. 장벽이 무너지면서 가능해진 자유와 민주주의라는 것은 그냥 주어지거나 당연한 것이 아닙니다. 많은 희생이 따른 투쟁을 통해 성취한 결과물이라고 제대로 인식하는 게 중요합니다. 그리고 민주주의는 언제든 쟁취할 수 있지만 한순간에 몰락할 수 있다는 것을 명심해야 합니다. 현재 역동적인 민주주의를 위해 많은 시민의 용기가 필요합니다. 민주적인 시민의식도 함양해야 하고요. 1989년 라이프치히 성 니콜라이 교회 앞에서 자유를 위해 일어난 용기와 정신을 기억해 독일을 열린 사회로 계속 가꿔가야 합니다."

3__ 베를린의 기억문화, 미래를 향하다

21세기의 독일 최대 문화프로젝트, 식민주의 반성

세계 주요 도시들과 국가는 대부분 기억문화를 갖고 있다. 전쟁기념관, 개선문, 승전비를 세우고 국경일을 만들어 역사에서 승자였던 순간을 소환하며 국민 통합을 도모하는 것이 일반적이다. 베를린의 기억문화는 이런 일반적인 공식에서 벗어난다. 어둡고 부끄러운 과거를 되새기는 독특한 모습을 보여준다. 베를린이 점점 '기억의 도시'의 대표성을 갖게 되는 이유다. 최근에는 들춰내지 않던 기억까지 소환하며 베를린의 지도 위에 변화가 일어나고 있다.

베를린의 중심 거리 운터덴린덴 거리에는 국립 박물관들이 자리 잡은 박물관 섬과 베를린 대성당이 있는데 그 맞은편에 거대한 건물이 들어섰다. 2020년 말부터 부분적으로 문을 연 새 박물관 '훔볼트포럼'이다. 문화 간의 교류와 이해 증진을 이상으로 삼았던 훔볼트 형제의 이름에서 따왔다. 과거의 웅장한 왕궁의 외형은 재건하되 내부에서는 문화와 예술, 학문이 만나는 복합공간이 탄생한 것이다.

과거 제국주의를 상징하던 공간에 식민주의에 대한 반성을 담아 아프리카와 아메리카, 아시아 등 비유럽 지역의 유물 등을 전시했다. 식민지 시대에 약탈한 문화재를 전시한 영국의 대영박물관과는 전시의 방향성이 사뭇 다르다. 런던의 버킹엄 궁전에 영국 왕족의 역사 대신 과거 식민지였던 인도, 이란 등의 전통문화유산을 전시한다고 상상하면 된다. 훔볼트포럼은 '21세기 독일의 최대 문화프로젝트'라고 공공연하게 일컬어진다.

훔볼트포럼은 제국주의와 식민주의의 반성을 더는 늦출 수 없다는 자기반성에서 출발했다. 독일은 서구 문명을 전시해 놓은 기존의 박물관 섬 바로 맞은편에 비서구 문명을 대표하는 공간을 세우고 거칠게나마 균형점을 모색한 것이다. 아직도 식민주의에 대한 독일의 반성이 미흡하다는 지적이 계속되지만, 훔볼트포럼 같은 프로젝트를 진행할 수 있는 데에는 과거사에 대한 성찰이 저변에 깔려있기 때문일 것이다. 독일은 나치 시대를 꾸준히 반성하면서 이를 시민사회 발전의 자양분으로 삼았다. 특히 2차 세계대전 당시 나치가 자행한 유대인 대학살에 대해 그렇다.

2018년 11월 베를린 '테러의 토포그래피'(Topography of Terror) 박물관에서 열린 '수정의 밤'(Kristallnacht) 전시회에서 유대인의 집이 불타는 사진을 보는 관람객. 1939년 11월 9일 유대인에 대한 나치의 집단적인 공격이 이뤄지면서 대학살의 슬픈 전주곡이 울렸다.

나치 시대의 반성, 기억문화는 대화 · 소통의 제스처

1950년대 서독은 나치 피해자 연방 보상법을 통해 자국 거주자 위주의 속지주의에 근거한 개인 보상을 했다. 서독은 유대인 희생자 단체들을 대표하는 '대독 유대인 청구권 회의'에 10년간 4억5천만 마르크의 막대한 배상금을 지급해 홀로코스트에 대한 책임을 조금이라도 지려고 했다. 서독은 10여 년에 걸쳐 약속을 이행했다. 또 1959~1964년에는 룩셈부르크, 노르웨이, 그리스, 네덜란드, 프랑스, 영국 등 서방 11개 국가와 협정을 맺어 전시 배상금을 지급했다. 통일 후에는 동유럽 국가의 나치 피해자에 대해서도 보상

베를린 주택가의 '슈톨퍼슈타인'(걸림들). 나치에 희생당한 유대인의 이름과 출생·사망 연도, 사망 장소(강제수용소)를 표시한 동판으로 그들이 살던 집 앞 보도에 설치돼 있다. 1992년 예술가 군터 뎀니히가 설치하기 시작해 시민들의 참여로 베를린에서만 7천 6백여 개에 달한다.

했다. 2000년 8월에는 '기억, 책임, 미래 연방재단'을 설립해 나치 시대에 강제 노역에 동원됐던 국내외 사람들에게 보상했다.

독일 지도자들은 기회가 생길 때마다 2차 세계대전 및 통일 관련 기념일 등 일일이 열거하기 어려울 정도로 과거사에 대한 반성의 메시지를 내놓았다. 1970년 12월 7일 폴란드 수도 바르샤바의 유대인 위령탑 앞에서 당시 서독의 빌리 브란트 총리가 털썩 무릎을 꿇고 손을 모은 것은 역사적인 장면이었다.

특히 독일 지도자들은 영구적인 책임이라는 점을 강조해 왔다. 앙겔라 메르켈 총리는 2015년 1월 베를린에서 열린 아우슈비츠 수용소 해방 70돌 연설에서 "나치 만행을 되새겨 기억하는 것은 독일인의 항구적 책임"이라고 말했다. 메르켈 총리는 2019년 7월 아돌프 히틀러 암살 미수 사건의 희생자들을 기리는 추모식에 참석해 "우리가 방심해서는 안된다. 기억을 보존하고 이어 가야 한다. 역사적 교훈을 잊지 않도록 해야 한다"고 강조했다.

기억문화, 식민지 문제와 조우하다

기억의 문화는 잊힌 과거를 소환하지만 문제를 일소에 해소하지 못한다. 식민주의 문제를 전면에서 다뤄보려는 훔볼트포럼도 숱한 논란을 일으켰다. 식민지 시대에 제3세계 국가들로부터 약탈한 문화재를 돌려주지 않고 그대로 전시해도 되느냐는 지적이 제기된 것이다. 훔볼트포럼은 제국주의와 식민주의 시대를 성찰해야 한다는 명제 속에서 세워졌지만, 출발부터 과거의 관행과 인식의 한계를 노출한 것 아니냐는 비판이 따랐다.

그 논쟁의 중심에 '베닌 청동 유물'이 있었다. 영국군은 1897년 나이지리아 남부에 있던 베닌 왕국을 침략해 청동 유물을 대량으로 약탈했다. 이는 제국주의 서구 열강의 대표적 문화재 약탈사례로 꼽힌다. 영국군이 약탈한 베닌 왕국의 문화유산은 유럽의 여러 박물관에 판매됐다. 독일로 유입된 베닌의 청동 유물만 1천여 점에 달했다. 여타 서구 국가들이 보여준 관행대로라면, 자국 군대가 약탈한 것도 아니고, 대가를 치르고 구매했으니 문제가 되지 않는다는 논리가 독일 사회 내에서 통용됐을 법하다.

하지만 독일 사회는 식민주의 극복의 이상을 공공연하게 내세운 훔볼트포럼에 베닌 유물이 전시되는 문제를 진지하게 고민하기 시작했다. 유물 반환 문제에만 초점을 국한하지 않고 독일을 포함한 서구 열강의 식민주의가 남긴 상흔에 대한 공론이 이어졌다.

훔볼트포럼은 아프리카 유물을 둘러싼 논쟁에 대해 회피하지 않고 언론 기고 등을 통해 적극적으로 소통하는 모습을 보였다. 훔볼트포럼의 상위기관인 프로이센 문화유산재단의 헤르만 파칭어 이사장은 2021년 3월 27일 일간 프랑크푸르터알게마이네차이퉁(FAZ) 기고글에서 "지난 수 세기 동안 유럽이나 독일은 옛 식민지들의 문화유산 반환 요구를 무시한 것이 사실이며, 이에 대해 비판이 필요하다"라고 지적하면서 "아프리카인들이 문화유산을 보존할 능력이 없다는 변명은 40년이 지난 지금도 부끄럽고, 구조적인 인종차별주의를 반영한다"라고 말했다.

이러한 전향적인 인식 속에서 2021년 4월 29일 독일 문화 · 미디어부는 베닌 왕국의 유물 반환을 전격적으로 결정했다. 2022년까지 독일 전역에 소재한 공공 박물관의 베닌 왕국 관련 유물을 나이지리아에 반환하기로 한 것이다. 모니카 그뤼터스 문화·미디어부 장관은 "실제로 청동 유물을 반환한 첫 국가가 될 것"이라고 강조했다.

많은 서구 국가들이 외면하는 제국주의의 과거사를 기억문화를 통해 직시하려는 독일 사회의 선구적인 자세는 미래에 더 높게 평가될 것이다. 사실 기억문화 이론은 기념관 설립 등으로 문제를 해결할 수 있다는 방법론과는 전혀 다르다. 민주주의적 기억문화의 핵심이 새롭게 조성되는 추도비나 기념관, 혹은 아카이브 등에 있다고 오해해서는 안 된다. 중요한 것은 사회 구성원들이 이를 통해 상이한 기억과 관점에 대해 서로 토론할 수 있느냐는 것이다.

기억문화는 이러한 의미 ● 에서 꽉 막힌 말문을 틔우고 닫힌 귀를 열어 함께 이 야기하자는, 공동체를 향한 초대이다. 기억문화는 과거의 문제를 다시 논의해보자는 대화와 소통의 사회적 제스처이다.

훔볼트포럼에 설치될 한국관도 논란을 피하지 못했다. 2020년 말 당시 예정된 한국관의 규모는 중국관, 일본관에 비해 각각 10분의 1 정도에 불과했다. 더구나 한국관의 위치는 중국관 내부에 갇힌 형태다. 관람객들이 한국 문화를 중국 변방 문화의 하나로 오해하기 십상일 수 있다.

이에 대해 훔볼트포럼 측은 중국과 일본의 소장품이 각각 6천점 이상인 데 비해 한국 유물 소장품은 160여 점에 불과하다는 이유를 들었다. 그런데 한국관 설계 과정에서 훔볼트포럼과 한국 측의 소통은 충분하지 못했다. 훔볼트포럼이 한국관 구성에 어려움을 느낄수록 한국의 추가 유물 확보 방안 등을 놓고 당사국인 한국 측과 적극적으로 의견을 교환할 필요성이 컸을 텐데 말이다.

홈볼트포럼 측은 협소한 한국관을 채울 유물마저 제한적인 상황에서 뒤늦게 현대 미술전시와 접목하겠다는 방안을 제시했다. 하지만 그를 위해서는 기존 한국 관련 소장품들의 출처나 수집 경위에 대한 연구가 전제돼야 한다. 소장품 및 전시 형태의 역사적 맥락에 대한 고민 없이는 현대 미술과의 성공적인 접목이 쉽지 않기 때문이다.

일본 제국주의의 피지배 국가였던 한국 전시관에 이런 문제가 노출된 반면, 바로 인근 일본관에서는 평화를 기원하는 '전쟁 피

홈볼트포럼 전경.

해자' 일본인의 마음을 상징한다는 다도 전시관이 천연스레 소개되고 있다. 동아시아 역사에 대한 훔볼트포럼의 인식 부재가 낳은 결과다.

전후에도 스며있던 전체주의의 망령

2021년 1월 독일 공영방송 도이체벨레는 1950년 1월 바이에른주의 한 소도시 란츠베르크에서 인구의 3분의 1이 참여한 시위를 재조명했다. 당시 도심 광장에는 4천 명의 시민이 몰려들었다. 란츠베르크의 교도소에 수감돼 있던 전범 28명에 대한 사형을 중지해 달라고 요구하는 시위였다. 시민들은 기독교적 자비를 내세웠다. 전범에 대한 사형은 미군 법정에서 선고됐었다. 28명 전범 중에는 나치 친위대의 핵심 인물들로 홀로코스트의 주범들도 포함돼 있었다.

도이체벨레는 이 시위가 당시 독일인들 사이에 얼마나 죄책감에 대한 인식이 없었는지 보여준다고 지적했다. 전후 미국의 영향력이 컸던 서독은 공산주의의 침범을 막기 위해서라도 폐허로부터의 재건이 가장 우선시되는 시절이었다. 그 과정에서 나치에 부역했던 엘리트들이 과거 행적을 감춘 채 주류 세계로 다시 기어 나왔다. 1959년부터 1969년까지 대통령을 지낸 하인리히 뤼프케는 나치 시대 강제수용소 설계와 연관이 있다는 의혹을 받았다. 행정부, 사법당국 등에도 나치 부역자들이 버젓이 요직을 차지했다는 내부 비판도 끊임없이 제기됐다.

하지만 68혁명 등을 통해 과거사 청산 및 기득권 배격에 대한 사회적 요구가 더욱 높아졌다. 독일 사회는 신동방정책 추진 등으로 불거진 갈등을 완화하고 관리하는 과정에서 과거의 기억 속으로 더욱 철저히 들어갔다.

과거에 발을 딛고 미래 향해 말걸기

식민주의 반성과 함께 독일의 기억문화에 새로운 주제로 떠오르는 것이 '동독의 기억'이다. 과거 청산에 관한 이야기를 하는 것이 아니다. 서독 주도의 통일 과정에서 간과됐던 동독인의 주체성을 재인식하기 위해서다. 현재 독일 사회에서 일어나고 있는 갈등의 뿌리와 해결책을 찾으려는 시도다. 독일은 경제적으로 옛 동서독 간의 격차를 현 격히 좁혀 나가고 있고 옛 동독 지역의 시민사회도 계 속 성장해 가며 동독 체제의 때를 거의 벗기고 있다. 하지만 동독 사람들을 겨냥한 '2등 시민'론 등 정서적인 문제, 여전히 격차가 나고 있는 문화 자본의 차이, 서독 지역보다 동독 지역에서 더 번성하는 극우세력 등의 문제는 독일 사회가 풀어가야 할 과제다. 이를 위해 독일 사회는 동독 지역 시민의 자존감을 살리기 위한 작업에 심혈을 기울이고 있다. 정치적, 경제적으로는 서독의 흡수통일 양상이었지만 통일의 물꼬를 튼 결정적인 주체는 동독 시민이었다는 사실을 끄집어내려 하고 있다.

그 시발점은 베를린 장벽 붕괴 6개월쯤 전인 1989년 5월 동독에서 실시된 지방선거에 대한 부정선거 의혹이 불거지면서부터였다. 라이프치히 등 주요 도시에서 평화적인 저항 시위가 열리기

236

시작했다. 특히 가을부터는 라이프치히의 성니콜라이 교회를 중심으로 '월요 시위'가 대규모로 일어나면서 전국적으로 민주화 운동이 거세게 퍼져 나갔다.

철권을 휘두르던 슈타지 본부를 동독 시민들이 점거하는 역사적인 사건도 일어났다. 에곤 크렌츠 사회주의통일당 서기장 등 동독 체제의 핵심 엘리트들은 민주화 운동에 당황했다. 그들은 서독으로의 여행 완화 정책을 내걸어 성난 여론을 달래려 했다. 크렌츠로부터 개정 여행법 내용을 넘겨받은 공보 담당 정치국원인 귄터 샤보브스키는 내용을 제대로 읽지도 않은 채 여행법의 발효 시기에 대한 질문에 "즉시"라고 실언을 했다. 동독 지역에도 전파가 미치던 서독 공영방송 ARD의 저녁 8시 뉴스를 통해 이 소식이 동독 시민들에게 퍼져 나갔다. 마치 약속이나 한 듯 동독 시민들은 베를린 장벽 주변으로 몰려들었다. 당국으로부터 지침을 받지 못한 국경수비대원들은 당황한 채 우왕좌왕하다 시민들에게 바리케이드를 열었다.

이후 통일의 과정은 서독 중심적으로 전개됐지만 이를 위한 토대는 동독 시민들이 마련한 것이다. 독일 통일 30주년 기념일인 2020년 10월 3일 프랑크-발터 슈타인마이어 대통령은 "오늘날의 독일은 역대 최고의 독일"이라면서도 '동독의 기억'을 되새기며 한 발 더 나아갈 것을 당부했다.

그는 "지난 30년간 발생한 실수와 정의롭지 못한 일에 대해 공개적인 논의뿐만 아니라 비판적인 시선이 필요하다"고 강조했다. 특히 그는 동독 체제를 종식한 평화 혁명가들을 위한 새 기념비 건립을 제안하면서 "동독 시민이 스스로 운명을 개척해 자유를 얻었다는 점을 각인시키는 장소가 될 것"이라고 말했다.

'동독의 기억'을 되살리려는 작업은 동독 시민의 집단적 경험 뿐만 아니라 세대, 지역을 초월해 연대하려는 독일 전체 시민사회의 힘이 뒷받침돼 있다. 이미 독일의 기억 문화는 과거, 현재, 미래 세대를 잇는 가교 구실을 해왔다. 그늘진 과거, 영광의 과거를 반추해가며 시민사회 내에서 지속적인 대화를 이어 나갔기에 미래의 문제에 대처할 힘도 쌓였다. 대량 난민의 유입 속에서 쌓여만 가는 사회통합의 과제, 극우세력의 부상을 직시하면서 독일 사회는 새로운 처방전을 공유해 가고 있다. 독일 특유의 기억문화 속에서 새로운 베를린이 태어났다. 완벽하다고 뽐내기보다는 과오도 인정하는 솔직함이 베를린의 얼굴이 됐다. 과거에 발을 딛고 미래를 향해 말을 거는 베를린에 세계인이 끌리는 이유다.

●

4_ 민주주의는 '즐거운 갈등'의 기술

"일단 끝까지 말하게 해!" 차이 인정하는 논쟁 문화

흔히 '목소리 큰 사람이 말싸움에서 이긴다'라고 말한다. 한국 사회의 고질적인 문제점을 함축하는 말이다. '말싸움'이나 '논쟁'은 같은 뜻이다. '논쟁'이 더 고상한 느낌이 들 뿐이다. 목소리나 덩치, 권력의 우월함이 '논쟁'에서 승리의 척도가 되면 민주주의 사회의 균열이 커질 수밖에 없다. 설득력 있는 근거의 제시는 민주주의 사회에서 논쟁의 전제다.

독일 사회에서 "일단 끝까지 말하게 해!"(ausreden lassen!)란 말이 있다. 초등학교 입학 전후로 아이들이 집에서 배우는 토론의 첫 번째 규칙이다. 남의 말을 중간에 끊으면 진다는 의미다. 토론에서 큰 목소리로 분위기를 흐리거나 상대의 말을 끊으면 기피 대상이 된다. 이후 토론, 논쟁의 장에 초대장을 받기 어렵다. 아무리 훌륭한 의견을 가졌더라도 토론, 대화의 공간을 잃어버리면 숲에서 혼자 '임금님 귀는 당나귀 귀'라고 외쳐야 하는 신세나 다름없다.

이러한 독일식 논쟁 방식에는 몇 가지 장점이 있다. 우선 자조 섞인 어투로 "난 말 한마디 못 해봤어"라며 소외되는 사람이 줄어든다. 입장이 다를지라도 일단 상대의 의견에 진지하게 귀기울이는 분위기가 형성된다. 논쟁의 수준이 자연스럽게 높아진다. 모두가 수긍할 결론이 도출되거나, 그렇지 않더라도 토론을 재개할 환경이 조성된다. 생산적인 논쟁의 경험이 쌓이면 궁극적으로 합의의 문화가 만들어진다. 과거 독일의 토론 문화는 이렇지 않았다. 생산적 논쟁 문화는 험난한 길을 걸으며 탄생했다.

독일의 진영논리, 스스로 손발 묶은 참호 전투의 기억

독일은 20세기 초부터 진영논리의 폐해를 뼛속 깊이 경험했다. 독일어에서는 진영논리(Lagerdenken)란 용어 말고도 참호 전투(Grabenkampf)란 표현도 많이 쓰인다. 참호 전투는 극단적인 대치 속에서 아무도 움짝달싹 못할 때 사용된다.

바이마르공화국(1919~1933)의 민주주의 실험은 미숙했다. 왕정복고주의자, 군국주의자, 사회민주주의자, 공산주의자 간의 지루한 노선 싸움이 반복되는 가운데 공화국은 서서히 무너져 갔다. 민주주의 제도가 도입됐지만 과거 프로이센 시절의 권위주의 문화는 여전히 사회 전반에 자리 잡고 있었다. 논쟁 상대는 제거해야 할 적으로 간주됐다. 주류 사회와 지식인 사회의 싸움질에 지친 시민 속으로 나치즘이 파고들었다. 나치즘은 다양한 의견의 존재 자체가 골칫덩이라는 생각을 퍼뜨렸다. 유럽에 팽배하던 반유대주의를 1차 세계대전 패전 후 폭발 직전이던 독일 시민의 불만과 결합하는데 성공했다. 민족주의와 경제 재건을 내세운 나치의 간단명료한 약속에 평범한 이웃들이 하나둘씩 넘어갔다.

살아남은 지식인들은 국가사회주의의 그림자가 독일 전체를 뒤덮은 뒤의 암울한 세상을 미리 그려내지 못했다. 적지 않은 지식인들이 권력의 떡고물을 챙기거나 협박에 굴복할 뿐이었다. 이후 독일이 2차 세계대전에서 패망할 때까지 전체주의 사회가 유지됐다. 권력, 국가의 명령에만 익숙해졌다. 반대 의견, 토론 문화에 대한 기억은 아득해졌다.

나치 독일이 패망하면서 국가사회주의는 몰락했지만 민주주의가 자연스럽게 회복되기 어려웠던 이유다. 전후 미국식 민주주의 제도도 이식됐지만 뿌리 깊게 자리잡은 전체주의 문화를 해독하기에는 역부족이었다. 더구나 분단과 냉전체제의 구도가 권위주의의 잔재와 결합했다. "그러려면 동독으로 가"라는 식으로 논쟁 자체를 틀어막곤 했다. 1950~1960년대 서독에서 과거사의 반성이 부족할 수밖에 없었던 이유다.

전후 눈부신 경제 재건 속에서 다시 어깨에 힘이 들어간 기성 세대는 어두운 과거를 스스로 드러내는 데 거부감을 보였다. 그러나 이런 문제점 속에서도 서독 사회는 조금씩 민주주의를 정착시키기 위해 나아갔다.

서독의 정치 '거인' 헬무트 슈미트 전 총리는 "논쟁 없는 민주주의는 민주주의가 아니다"라고 말했다. 이 말처럼 서독의 민주주의는 자유롭게 논쟁할 수 있는 공간을 확보함으로서 다시 제 자리를 잡을 수 있었다. 분단기 서서갈등 속에서 보수와 진보의 대립은 첨예했지만 바이마르공화국의 과오를 반복해선 안 된다는 데 모두 공감했기 때문이다.

'대동독 관계'라는 복잡한 함수를 놓고 정치권, 언론, 시민사회 모두 치열하면서도 냉철하게 논쟁했다. 나치 전범재판, 베를린 장벽 설치, 68혁명, 이주노동자 초청, 극좌파 RAF 테러 등의 굵직한 역사적 사건들이 이어지는 가운데 서독 사회는 갈등의 존재와 그 원인을 더 이상 도외시하지 않았다. 갈등의 원인부터 짚으면서 논쟁을 벌여 나갔다. 갈등을 직시하면서 고민하고 논쟁할 역량, 즉 '갈등 능력'이 쌓여갔다. 갈등을 다룰 사회적 능력의 축적은 새로운 갈등에 직면해서 더욱 실력을 발휘했다. 증오, 혐오, 인종주의가 점점 독버섯처럼 자라나지만 시민사회의 응전 역시 단호하게 이뤄진다. 이렇게 독일의 민주주의는 한걸음씩 전진하고 있다.

소수에게도 말싸움 기회를! 시민사회의 '힙'함

독일과 한국 간 논쟁 문화의 차이를 여실히 보여주는 좋은 사례가 있다. 집회나 파업에 대한 사회적 반응이다. 한국에서 대중교통 파업이 벌어지면 대체로 도　　　　로 정체 상황에 관심이 집중된다. 집회 목적에 대한 ● 찬반 토론의 통로를 찾기 쉽지 않다. 파업으로 교통　　　이용에 애로가 커지면 대중의 불만이 끓어오르는 것은 공식처럼 돼 있다.

자가용 의존도가 낮은 독일에서 대중교통 파업의 여파는 결코 한국보다 작지 않다. 불편이 따르더라도 파업할 권리를 존중하는 것이 독일 사회의 일반적인 양상이다. 하지만 2014년 겨울 독일기관사노조의 파업 때는 조금 달랐다. 독일 전체 철도망이 연일 마비되자 온갖 비판이 쏟아졌다. 독일 사회 관용 문화의 한계가 노출되는 것 아니냐는 우려도 나왔다.

독일기관사노조 파업을 놓고 두 언론의 대응 방식이 명확히 대조를 이뤘다. 일간 타블로이드지 빌트는 노조위원장의 전화번호를 전면에 실었다. 집단으로 항의 전화를 하라고 부추긴 것이다. 반면 공영방송인 ARD 및 푀닉스 뉴스는 노조위원장과의 장시간

인터뷰를 황금시간대에 배치했다. "일단 끝까지 말하게 해!"라는 논쟁의 규칙이 적용된 셈이다. 빌트는 독일에서 최대 판매 부수를 자랑한다. 선정적이고 왜곡을 일삼는다는 지식인 사회의 비판도 받고 있지만, 독일 사회에서도 대중의 수요에 부응하는 상업주의의 위력을 보여준다. 그러나 빌트를 읽는 대중들도 이를 정론지로 착각하진 않는다.

대중들은 ARD가 비판의 표적이 된 인물에게 마이크를 쥐어준 사실을 비난하지 않았다. 신호가 끝날 때까지 횡단보도를 건너지 못하는 노약자가 있듯 표현의 자유가 있어도 말할 수 없고, 말하더라도 목소리가 묻혀버리는 사회적 약자가 있다. 이들도 함께 '말싸움'을 할 수 있어야 '멋지다'는 생각이 베를린의 대안적인 '힙'함이다. 시민사회가 든든하게 뒷받침해 줄 때 정치도 언론도 제구실을 할 수 있다. 정치문화는 정치인의 전유물이 아니기 때문이다.

극심한 혼란 속 갈등의 기술, 갈등 능력 확충으로

사회적 의제가 담길 그릇이 너무 작으면 갈등을 생산적으로 해결하기 어렵다. 냉전으로 사회적 의제의 폭이 좁았던 서독의 분단 초기 상황도 그랬다.

분단기 1970년대 서독은 갈등으로 점철돼 있었다. 밖으로는 빌리 브란트 총리의 신동방정책이 진전하며 동독과 관계 개선을 이뤘지만 안으로는 여전히 내홍이 극심했다. 1970년대 초 사회 곳곳에서 벌어진 갈등은 극단적인 형태로 전개됐다. 적군파의 테러가

팬데믹 속 연방의회 앞 무인 '기후변화 대응 촉구' 청소년 팻말 시위.

대표적이다. 진보와 보수 간의 대립은 초중고 교육 현장까지 내려왔다. 무엇을 어떻게 가르칠지 혹은 가르쳐서는 안 될지를 놓고 갈등과 대립이 벌어졌다.

1976년에 이르러서야 혼란에서 벗어날 전기가 마련됐다. 정치 및 역사교육의 기준으로서 '보이텔스바흐 합의'가 마련됐다. 합의안에 따라 교사의 일방적인 주입식 교육이 금지됐다. 수업 시간에 학생이 문제의 당사자로서 자신의 이해관계를 의식하며 토론하도록 했다. 이를 통해 토론 주제의 논쟁성이 유지되도록 했다. 무엇보다 사회적 문제에 대한 한 가지 모범 답안을 '공부'하는 것이 아니라, 그 문제를 둘러싼 논쟁을 체화하도록 하는 것이 교육의 핵심 목표가 됐다.

민주주의가 무엇인지 설 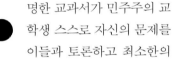 명한 교과서가 민주주의 교육을 만드는 것이 아니다. 학생 스스로 자신의 문제를 고민하며 다른 생각을 가진 이들과 토론하고 최소한의 공감대를 형성해보는 과정이야말로 민주주의 교육이라는 깨달음이었다.

민주주의적 논쟁 문화, 즉 생산적 갈등의 기술이 마련된 것이다. 진보와 보수 진영 모두 수긍했다. 작은 도시 보이텔스바흐의 학회에서 교육자, 정치가, 학자 등이 논의해 이룬 합의 내용은 이후 독일의 교육 현장에서 모든 구성원이 지켜야 할 역사 교육의 기본 원칙이 됐다. 이런 과정을 통해 독일에서 민주주의적 논쟁의 문화가 성숙함에 따라 사회와 개인의 '갈등 능력'도 확충됐다.

극우세력, 포퓰리즘, 인종주의, 국수주의 그리고 음모론이 다원주의적 민주주의를 끊임없이 공격하고 있다. 거듭되는 낡고도 새로운 도전에 독일 사회는 응전 태세가 돼 있다. 독일 사회의 갈등 소화 능력 또한 진화하고 있다.

민족주의 배격 속 타 문화 포용하기

현대 독일이 민족주의에 대해 알레르기 반응을 보이는 것은 나치즘의 근간에 아리안 민족주의가 자리잡았던 탓이 크다. 바이마르 공화국 시절만 해도 독일인들의 민족적 배경은 다양했다. 그러나 나치는 '순수 게르만족'이 아닌 사람들에게 독일 국민이 될 자격을 박탈했다. 유대계, 집시 등의 소수민족이 피해자가 됐다.

수대에 걸쳐 독일 사람으로 살았고, 독일어가 모국어이며, 독일 경제 ·사회 ·문화에 ● 기여했다고 해도 아무런 소용이 없었다. 민족주의는 인종주의를 정당화했다. 나치 독일은 패망했지만, 전 후 독일 사회가 다시 타 문화에 포용성을 보이는 것은 난망했다. 인위적인 '단일 민족화'라는 폭력적인 수술을 받은 흉터 자국은 너무 크고 깊었다.

반전의 계기는 의외의 형태로 마련됐다. 전후 급속한 경제 재건의 길에 들어선 서독에서 노동력이 심각하게 부족했다. 전쟁에서 수많은 생명을 잃었기 때문이다. 1950년대에는 동독에서 탈주한 수많은 동독 주민들이 부족한 일손을 메웠다. 탈동독 열풍은 동독이 1961년 베를린 장벽을 설치하게 된 원인 중 하나가 되었다.

장벽이 동독 주민들의 탈주를 막자 서독은 부족한 노동력을 채우기 위해 이탈리아 등 남유럽과 터키 출신 외국인 노동자를 더욱 적극적으로 받아들였다. 1963년부터 한국에서 광부와 간호사가 서독으로 파견되기 시작한 것도 이런 맥락이었다. 1964년까지 서독 땅을 밟은 외국인 노동자는 1백만 명 정도에 달했다.

서독이 '라인강의 기적'을 일군 데에는 이들의 땀도 한몫했다. 그러나 외국인 노동자들은 경제적 공로에 걸맞은 사회적 인정을 누리진 못했다. 이들을 지칭하던 독일어, '가스트아르바이터'(Gastarbeiter, 손님 노동자)에는 환영받는 손님이라기보다는 '우리'가 될 수 없는 다른 민족 출신의 뜨내기라는 인식이 깔려 있다.

서독 당국은 1970년대 중후반 경기 침체로 일자리가 줄어들자 외국인 노동자들을 본국으로 돌려보내려 했다. 외국인 노동자들은 '제2의 고향이 된 서독을 떠날 수 없다'며 거리로 나가 항의했다.

그때 당국으로부터 외면받던 외국인 노동자들에게 서독 시민 사회가 연대하기 시작했다. 서독인들은 외국인 노동자들을 손님으로만 여기지 않았다. 외국인 노동자들과 어깨를 걸고 귀환 반대 운동을 함께했다. 오랜 이웃이었던 외국인 노동자들을 함께 살아가는 시민으로 받아들인 것이었다. 이런 과정을 통해 서독 사회에서는 타인에 대한 포용력이 자라났다.

이제 보수, 진보를 막론하고 대부분의 원내 정당에는 이민자 출신 연방의회 의원들이 활약하고 있다. 물론 상대적으로 축적이 덜 된 사회적 자본과 끈질기게 남아있는 사회적 배타성 속에서 이민자에게 여전히 유리 천장이 드리워져 있다.

하지만 적어도 민족주의에 대한 철저한 반성은 전후 독일의 명제가 됐다. 각각 수백만 명에 달하는 탈동독 주민과 외국인 노동자의 대규모 유입은 큰 사회적 갈등을 유발했다. 독일 시민들은 다문화 사회로 가는 길에 발생하는 갈등에 대한 해결책을 찾는 과정에서 협소한 민족주의적 구호를 철저히 외면했다.

대신 다양한 문화와 역사를 지닌 구성원들이 주체가 되는 민주주의적 갈등 해결 능력을 키웠다. 왜곡된 민족주의의 극단을 뼈저리게 경험한 독일이기에 다원적 민주주의 문화를 지키려는 힘이 더 강하게 나타난 것이다.

난민 정책 갈등 속 통합·인도주의엔 한 목소리

2015년 시리아 내전에 따른 대규모 난민 유입은 독일 정치권을 요동치게 했다. 난민 수용에 결정적인 역할을 한 메르켈 총리는 이 문제로 인해 발목이 잡히기도 했다. 난민 정책을 둘러싼 집권 여당 내부의 파열음으로 메르켈 총리의 리더십은 흔들거렸다. 지방선거에서 여권의 부진까지 겹치자 메르켈 총리는 2018년 10월 기독민주당 대표직 사퇴와 차기 총선 불출마를 선언했다.

난민 정책을 놓고 사회적 갈등이 벌어지는 과정에서도 이민자를 '함께 살아가는 이웃'으로 받아들이기 위한 노력이 부단히 이어졌다.

난민에 대한 언어교육, 사회통합 교육, 직업교육, 기초생활비 지급 등은 기본적인 매커니즘으로 상당히 잘 작동하고 있다. 막대한 예산이 들어가는 데 대해 시민사회에서 비판도 나오지만, 충분한 재정 투입의 필요성을 인정하는 여론이 훨씬 강하다.

2018년 독일 통합·이민재단의 전문가협의회가 이민 배경이 없는 시민들을 대상으로 조사한 결과, '난민을 계속 수용해야 한다’라는 설문에 응답자의 60%가 찬성했다. ‘장기적으로 난민이 독일에 문화적, 경제적 이득을 줄 것’이라는 설문에는 70%가 동의했다. 2017년 베르텔스만 재단이 조사한 결과에서 ‘독일이 난민 수용으로 인한 도전을 극복할 수 있다고 생각한다’라는 설문에 동의한 응답자가 60%였다. 베를린에선 도시 중심가에 망명 심사를 기다리는 난민 수용 시설도 볼 수 있다. 베를린의 노른자 땅 위에 아직 시민 자격을 부여받지 못한 난민이 머무르는 것이다.

독일은 이슬람 등 다양한 문화권의 이민자가 늘어나는 환경 변화에 맞춰 기존 민주주의 시민교육도 정비하고 있다. ‘보이텔스바흐 합의’의 원칙에 대해서도 재점검을 하고 있다. 홀로코스트를 비롯한 기억문화의 형태에 대해서도 현실 사회에 맞는 것인지 치열한 토론이 벌어지고 있다. 민족주의적, 가부장주의적, 반유대주의적 성향을 드러내기도 하는 일부 이주민을 상대로 문화적 다양성과 민주주의적 가치를 이해시키기 위한 방안을 강구하고 있다.

독일 사회는 코로나19 팬데믹으로 위기를 맞은 상황 속에서도 난민, 이민자에 대한 배려를 잊지 않았다. 공간이 협소한 수용시설에 머무는 난민의 감염을 우려했다. 난민이 집단 감염 위험을 피하기 위해 수용시설을 떠날 수 있고 그들에게 지방정부가 새 거처를 마련해야 한다고 독일 법원이 판결한 것도 이런 인식의 연장선상이다.

독일 정치권과 사회는 매년 수용하는 난민 인원을 놓고 첨예하게 갈등을 벌이지만, 인도주의적 상황이 발생하면 갈등을 잠시 접어둔다. 팬데믹으로 침체한 사회 분위기 속에서도 시민들은 그리스 모리아 난민 캠프의 난민들을 일부 수용하자는 목소리를 냈다.

모리아 캠프에서는 2020년 9월 대형 화재가 발생해 많은 난민이 임시로 의존하던 거처마저 잃은 상황이었다. 독일 도시 곳곳에 '아무도 남기지 마라'(Leave no one behind)라는 내용의 현수막이 등장했다. 현수막에는 노란 리본이 그려져 있다.

독일 연방의회 의사당 앞에서는 1만3천 개의 빈 의자가 놓인 시위가 열렸다. 각 의자는 모리아 캠프에서 열악한 환경에 처한 난민 한 명씩을 상징했다. 실질적으로 난민을 분산 수용해야 하는 지방자치단체도 180여 곳이 난민 수용 의사를 나타내며 중앙정부가 전향적인 결정을 하도록 압박했다. 녹색당과 좌파당 등 진보성향의 야당뿐만 아니라, 중도보수 성향의 집권여당 내에서도 대규모 수용의 필요성을 제기하는 의원들이 속속 나타났다. 결국 중앙정부는 1천5백 명의 난민을 데려오기로 했다. 이에 만족하지 않은 베를린 시민 1만여 명은 대규모 시위를 벌이며 추가 수용을 요구했다.

난민 문제 악용하는 극우세력에 대한 배격

물론 극우세력은 난민 문제를 끊임없이 악용하고 있다. 2018년 4월 독일 북서부 도시 뮌스터에서 차량이 야외 음식점 테이블로 돌진하는 사건이 발생하자 극우정당 '독일을 위한 대안'(AfD)의 베아트릭스 폰슈토르히 부대표가 트위터에 '우리는 해낸다!'라는 글을 '성난' 이모티콘과 함께 올렸다.

'우리는 해낸다!'는 앙겔라 메르켈 총리가 난민 위기 상황을 돌파하기 위해 자주 사용한 말로, 폰슈토르히는 메르켈 총리의 난민

정책을 비꼬면서 이번 사건이 난민에 의해 저질러졌다는 암시를 남긴 것이다. 그러나 독일 사회는 이런 거짓 선동에 휘둘리지 않았다.

수사당국은 즉각 "이슬람과 연관성이 있다는 어떤 증거도 없다"며 못을 박았다. 언론은 폰슈토르히의 발언을 집중적으로 비판하면서 용의자가 정신병력이 있다는 점을 재빠르게 보도해 루머의 확산을 막았다. 일간 쥐트도이체차이퉁은 "범죄자가 난민이건 정신이상자건 그의 범행은 주변 사람들이나 출신과는 아무런 관계가 없다"고 강조했다. 이런 상황에서 일반 시민들이 AfD의 선동에 흔들린다는 징후는 거의 보이지 않았다.

온라인상 표현의 자유 ● 에 대한 이유 있는 규제

독일 사회는 난민의 급격한 수용 이후 혐오·증오·차별 발언 및 행동이 늘어나는 것을 목도하게 됐다. 극우 정치인들은 인종차별 발언을 일삼았다. 소셜미디어는 극단적이고 편협한 사고의 결과물을 전파하는 주요 통로가 됐다. 독일에서 혐오, 차별 발언 및 행동에 대해선 형법상 처벌이 가능하다. 그러나 온라인은 규제의 사각지대였다.

독일 정치·사회는 소셜미디어에서 혐오·차별 발언을 규제하는 방안을 논의했다. 법제화가 되기까지 수년간 치열한 논쟁이 벌어졌다. 독일 시민은 표현의 자유를 제한하는 문제에 민감했지만, 소셜미디어상의 혐오·차별 게시물을 그대로 둬서는 안 된다는 데 공감대를 형성했다. 결국 소셜미디어 사업자가 혐오·차별 게시물을 삭제하도록 의무화한 법 '소셜네트워크(SNS) 내 법집행 개선법'(이하 SNS위법규제법)이 연방의회에서 통과돼 2017년 10월부터 시행됐다.

혐오·증오 행위에 대해 규제하는 형법 130조 등 형법에 규정된 불법행위를 온라인에서도 규제하게 된 것이었다. 소셜미디어 사업자가 게시물 차단의 주체가 되고, 이런 의무를 이행하지 않으면 막대한 벌금을 물게 됐다. 물론 소셜미디어 사업자는 임의로 게시물을 차단하는 게 아니라 법의 규정에 맞춰 실행한다. 혐오 발언을 일삼은 AfD의 극우 정치인들이 이 법에 적용을 받아 수사를 받았고, 그들의 게시물이 삭제되기도 했다.

SNS위법규제법은 'agree to disagree', 즉 차이에 대한 인정이라는 사회의 기본적인 통념에 맞춘 법이다. 이 법을 통해 차단 및 삭제해야 하는 혐오·차별 게시물은 차이를 인정하며 의견을 주고받을 대상 자체가 되지 않는다고 규정했다. 'agree to disagree'는 어디까지나 대화를 위해 지켜야 할 최소한의 태도다.

트위터가 2021년 1월 초 당시 도널드 트럼프 미국 대통령의 계정을 증오와 폭력 선동을 문제삼아 영구 정지했을 때 메르켈 총리는 트위터의 조치에 비판적인 입장을 보였다. 트럼프 대통령과 '앙숙' 관계였는데도 말이다. 메르켈 총리는 "기본권으로서 표현의 자유가 근본적으로 입법기관에 의해 제한될 수 있지만, 특정 기업의 조처에 따라 제한돼서는 안 된다"고 말했다. 독일처럼 법적으로 규제가 되지 않는 이상 표현의 자유를 기업이 자의적으로 판단해서는 안 된다는 의미다. 민주주의에서 가장 중요한 가치 중 하나인 표현의 자유를 세심하게 다루는 독일의 태도를 엿볼 수 있는 지점이다. 독일이 물꼬를 트면서 유럽에서 온라인상 혐오·차별 게시물에 대한 법적 논의가 속속 이뤄지고 있다. 오스트리아는 2020년 12월 이와 유사한 법을 도입했다. 유럽연합(EU) 차원에서도 관련법 제정을 논의하고 있다.

독일 정치, 싸움과 타협의 기술

우리나라에서는 내각제 하면 일본과 이탈리아의 부정적인 측면을 떠올리는 사람들이 많다. 일본의 내각제에 대해서는 자민당의 장기 집권 문제를, 이탈리아의 내각제에 대해선 반대로 평균 존속 기간이 13개월에 불과한 내각의 불안정함을 지적하기 일쑤다.

독일의 내각제는 이와 다르다. 메르켈 총리와 헬무트 콜 전 총리는 16년 정도씩 집권했다. 게르하르트 슈뢰더 전 총리는 7년간 내각을 지휘했다. 그렇다고 독일은 정쟁 등 불안 요인이 없을까. 독일 정치 역시 분열과 대립은 상수다. 그런데 서로 거친 말의 강도와 횟수를 줄이면서 갈등을 조율하는 능력을 배양해 왔다. 2017년 총선 결과를 기준으로 독일의 원내 정당은 기독민주당·기독사회당 연합, 사회민주당, AfD, 녹색당, 좌파당, 자유민주당이다. 이들 정당의 정치색은 다양하다. 시민의 다양한 정치적 입장이 정당에 반영되기 쉽다. 역대로 과반 의석 정당이 나오기가 어려워 연립정부가 구성돼왔다.

연립정부의 구성에는 항상 진통이 따랐다. 특히 2017년 총선 후 연립정부 협상이 타결될 때까지 5개월이 걸렸다. 2차 세계대전 이후 정부 구성이 가장 늦었다. 기독민주당·기독사회당 연합과 사회민주당 간의 연립정부 합의문을 177페이지 분량에 담았다.

양측이 총선에서 내놓은 공약을 기반으로 절충한 것이다.

영국 언론과 독일 황색지들은 정국의 유례없는 불안정성에 초점을 맞추는 경향이지만, 독일 정론지들은 비교적 차분하게 정책적인 이견을 시민들에게 전달했다. 이렇게 만들어진 여론은 협상을 타결하도록 양측을 떠밀었다. 양측이 서로 양보할 수 있는 지점이 여론의 필터링을 거쳐 자연스럽게 마련된 셈이었다.

당시 연립정부 협상을 벼랑 끝까지 밀었던 최대 난제는 시민들이 가장 민감해 하는 조세, 복지 시안이 아니라 난민 가족의 재결합 문제였다. 기존에 독일에 정착한 난민이 고향의 가족을 데려오는 수를 매년 어느 정도로 허용할 것이냐는 것이었다. 인도주의에 대한 독일의 높은 감수성을 엿볼 수 있는 대목이기도 하다. 연립정부는 합의서를 기반으로 정책을 펼친다. 총선에

독일 정치를 풍자한 표지의 시사잡지.

서 정당들이 실현 불가능하거나 억지스러운 공약을 남발하지 않는 이유이기도 하다.

독일 정치인들이라고 갈등을 잘 조정하는 특출난 능력을 타고 난 것은 물론 아니다. 중앙 정치 무대에서 활동하는 대부분의 정치인은 지역 정당에서부터 청년 정치 활동을 통해 상대방과 대화, 싸움, 타협의 기술을 익혔다. 우르줄라 폰데어라이엔 EU 집행위원장, 아르민 라셰트 기독민주당 대표, 올라프 숄츠 재무장관 등 한국에까지 이름이 알려진 거의 모든 유력 현직 정치인들이 그렇다.

베를린 '평화의 소녀상'에 대한 미테구청의 철거명령이 뒤집어 진 데에도 지역 의회의 역할이 컸다. 일본 측이 독일 외무부와 베를린 시정부를 상대로 집요 ● 한 로비를 펼쳤지만, 미테 구 의회의 분위기는 베를린 ● 시 의회와는 달랐다. 상위 정치단위의 요구를 물리친 데에는 주체적으로 사안을 토론하고 입장을 정리할 줄 아는 지역 정치가 뿌리내린 탓이 크다. 이렇게 지역 정치에서 훈련한 청년 정치인들이 중앙 정치무대로 올라가는 것이다.

'라인강의 기적' 뒤에 숨겨진 독일의 비밀

한국 사회에서 서독 하면 떠오르는 가장 큰 이미지는 '라인강의 기적'일 테다. '한강의 기적'을 일군 한국은 서독과 상당히 닮은 꼴이다. 두 나라의 기적에는 전쟁의 참화에도 불구하고 근면하게 노력해 경제적 도약을 이뤘다는 서사가 들어있다.

잿더미를 비집고 싹을 틔워 드높이 성장한 나무의 이미지이다. 서독도 한국처럼 전쟁의 폐허 위에 다시 경제 재건을, 군사주의 및 전체주의의 잔재 위에 민주화를 이뤄야 할 지상 명제를 안고 있었다. 여기에 '분단 상황'이라는 난제까지 짊어졌다는 점까지 한국과 닮았다. 양국의 이런 공통점에도 불구하고 왜 현실은 다르게 전개됐을까?

독일과 한반도 간의 배경이 다르다는 이유로 우리는 서독이 과실을 힘겹게 얻은 과정을 경시해온 경향이 있었다.

물론 우리는 독일보다 훨씬 더 어려운 조건에서 출발했다. 이미 식민주의가 지배했던 땅은 2차 세계대전 당시 병참기지로 착취당하며 황폐해졌다. 종전과 해방으로 이제야 비극이 끝났나 싶었는데 예기치 못하게 분단 상황에 직면했다. 이어 전쟁의 참화를 겪었다. 그런데도 불과 반세기 만에 산업화와 민주화에 성공했다. '그럼에도 불구하고'라는 표현이 20세기의 한반도보다 더 걸맞은 국가가 거의 없을 테다. 한국 시민이 자긍심을 가질 만하다.

다만 자긍심이 현실의 문제를 외면하게 만들어선 안 된다. 미래 한국 사회를 더욱 살만한 곳으로 만들 원동력으로 작용해야 한다. 민주주의는 달성된 결과가 아니라 계속 만들어가는 과정이다. 서독은 분단 갈등을 직시했기에 성숙한 민주주의 문화를 결실로 얻었다. 서독의 기억이 우리에게 특별한 울림을 주는 이유다.

이 책에서 새롭게 발굴한 서독의 이야기는 경제력만 높게 웃자란 나무의 성장 과정이 아니다. 자란 키만큼 둘레로도 풍요로운 가지를 뻗어 낸 느티나무의 이야기와 같다. 서독 사회의 나이테는 분단기에 극단적인 갈등을 극복하면서 더욱 촘촘해 졌다.

서독 사회는 약 400만 명에 달하는 탈동독주민과 소련으로부터의 이주민, 그리고 외국인 노동자들을 받아들이면서 혼란을 겪기도 했다. 그러나 파생되는 문제를 직시하고 공존을 고민한 결과, 더 많은 차이도 넉넉히 품을 만한 그늘을 얻었다.

서독의 민주주의 문화는 근대화와 산업화의 직선적 논리만으로는 담을 수 없는 개인들의 다양한 삶의 서사를 품으며 성숙해졌다. 사회의 '갈등 능력'이 자연스럽게 성장했기에 '아무도 예상하지 못했던' 통일이 왔을 때 감당해 낼 수 있었다. 통일을 준비하지 않았지만, 통일에 대비가 되어 있었던 비밀이다.

●

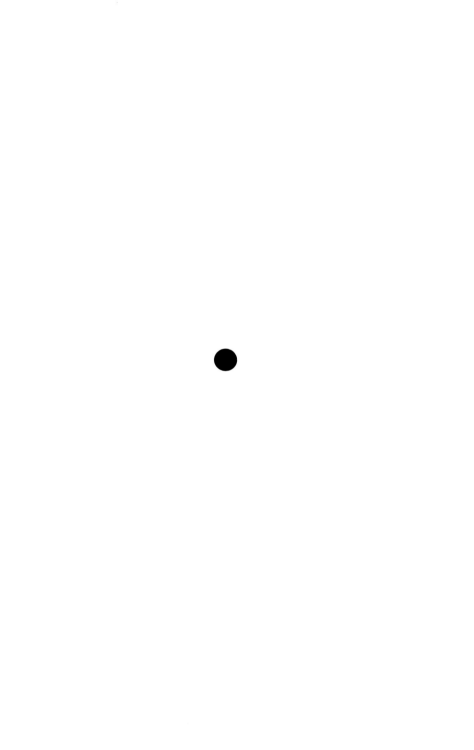

힙 베를린, 갈등의 역설

베를린 공존 모델에서 한국 사회 갈등 해법 찾기

초판 1쇄 인쇄 2021년 7월 28일
초판 1쇄 발행 2021년 8월 16일

지은이 이광빈, 이진
펴낸이 황윤정
펴낸곳 이은북
출판등록 2015년 12월 14일 제 2015-000363호
주소 서울 마포구 동교로12안길 16, 삼성빌딩B 4층
전화 02-338-1201
팩스 02-338-1401
이메일 book@eeuncontents.com
홈페이지 www.eeuncontents.com
인스타그램 @eeunbook

책임편집 황윤정
디자인 김영철 (AGI Society)
교정 황규원
마케팅 장재섭, 황세정, 최유빈
인쇄 스크린그래픽

ⓒ 이광빈, 이진

ISBN 979-11-91053-10-4 (03340)